憲法状況の現在を観る

9条実現のための立憲的不服従

石埼　学

社会批評社

はじめに

日常生活の中で、憲法、とくに憲法9条を意識することはあまりないでしょう。しかし数年のうちに、日本政府の統治下で生きているすべての人が、好むと好まざるとにかかわらず、憲法9条を日常的に意識せざるを得ないときがきます。

「戦時に備えるための国民保護訓練に参加してください」と自分の住んでいる自治体や消防団から声がかかるかも知れません。「自分の安全は自分で守る」というスローガンを見聞きした人は、すでに多いでしょう。

何が起こっているのでしょうか。イラク戦争に「参戦」した日本政府は、国内の日常生活をも「戦争モード」に変えようとしています。権力者に服従する「正常な市民」と「不審者」とに私たちを分断しようとしています。

この本は、こうした憲法状況を批判する闘いの本です。生きることとは闘うことであると私は思っています。

闘いの場を、このような形で提供してくださった社会批評社社長の小西誠さんに心から感謝します。

2005年9月17日

石埼　学

目次

第1章　新しい立憲主義のために

1 足踏みする「改憲」

日本国憲法を「改正」しようとする改憲派の動きは、2005年11月の結党50周年に新憲法案をまとめるという自由民主党と民主党という2つの改憲政党だけではなく、財界なども含めて、強まる一方です。2005年9月11日の衆議院総選挙で、自民党が、296議席を獲得し、民主党が大敗したことで、両改憲政党の間での改憲案の「すり合わせ」が自民党のイニシアティヴで進む可能性が大きくなりました。その意味で、「改憲」は、多少は加速するかもしれません。

しかし、それに対抗して、戦争のない社会をめざす人々の闘いも、強まっています。日本国憲法の、とくに「全世界の国民」の「平和のうちに生きる権利」を定めた前文とその権利を実現するための手段としての「9条」の「改正」に反対する人々の運動は、著名人による「9条の会」、それに呼応した各地での「9条の会」、さらに「憲法行脚の会」があらたにつくられるなど、多くの人々の平和憲法への愛着に支えられ強まっています。

また憲法学者も、ひとつの例をあげれば、有力な学会のひとつである全国憲法研究会が『憲法改正問題』（法律時報臨時増刊、日本評論社、２００５年）を出版するなど、現在の改憲論に対する批判を、さまざまな角度から精力的に繰り広げています。

このように、いわゆる「改憲派」と「護憲派」が、双方一歩も譲らぬ闘いと論争が行われている状態の中で、いまだ憲法96条を具体化する「憲法改正国民投票法」案が、国会に上程すらされないことに象徴されるように、「改憲派」は、足踏みを余儀なくされています。

憲法の文言の「改正」を基準とするならば、これからの数年が、大きな分かれ目になるでしょう。

しかし、「９条」の明文改憲が、政治日程として足踏みを余儀なくされているにもかかわらず、少なくない人々が、ある危機感を募らせていることもまた確かでしょう。

その危機感とは、立憲主義の崩壊への危惧です。

2　もうひとつの憲法問題

「改憲」が足踏みを余儀なくされている状態の中で、もうひとつの深刻な憲法問題が、生じています。それは、明文の憲法典で国家権力の権限を限定し、その恣意的な発動によって人権が侵害されないようにする立憲主義の危機です。憲法に拘束されないむき出しの暴力の噴出の危険が、じわじわと現実味を帯びてきているのです。

たとえば、9条を「改正」し、「自衛軍」が、集団的自衛権を行使して、海外で米軍と共同作戦をすることや国連が主導する多国籍軍に参加することを可能にすべきだと主張する、日本経済団体連合会「わが国の基本問題を考える～これからの日本を展望して」（2005年1月18日）には、「緊急的な対応の必要性」として、次のように書かれています。

「憲法改正を待つが故に、必要な改革が遅れるようでは本末転倒である。憲法改正は目的ではなく、基本理念や国家目標に合致した国づくりを進めるための手段であることを念頭に置き、国の改革に向けては、あらゆる可能な手段を講じていくことが必要である。／また、何時発生するかも知れない予測不能な多様な事態への対処を憲法改正に委ねてはならない。例えば、緊急事態への対処や自衛隊の国際活動の拡大、集団的自衛権の行使などは、昨今の国際情勢の変化を踏まえれば、一刻を争う課題である。／現在の憲法解釈が制約となっているもの、新たな立法により措置が可能なものなどについては、内外諸情勢の大きな変化を踏まえ、憲法改正を待つことなく、早急に手当てすべきである」

財界団体である日本経団連にとって「必要な改革が遅れる」ことになる場合、あるいは「何時発生するかも知れない予測不能な多様な事態への対処」が必要な場合は、憲法「改正」の手続きすら省いて、「早急に手当てすべき」だと言うのです。

これは、「強者」が、なんでもかんでも、やりたい放題に国家権力を行使し、人々の人権を侵害することをこそ禁止するためにある立憲主義を、場合によっては破壊してもいいと言っているに等しい暴論です。財界団体という資本主義社会における圧倒的な「強者」が、このような立憲主義の破壊に乗り出すとすれば、それは、「強者」の利益のための、むき出しの暴力が噴出する社会になるだけではなく、憲法の縛りを解いて軍事力や警察力という巨大な暴力を思うがままに使えるようになった「強者」

が、「強い」がゆえに「正しい」という暴力至上主義社会になることを意味します。

このような暴論は、ほんの数年前までは、石原慎太郎東京都知事や中曽根康弘元内閣総理大臣など少数の右翼政治家などが主張する程度のものでした。たとえば『ボイス（Voice）』2002年1月号の石原氏や中曽根氏らの座談会で、それぞれ次のように主張していました。「議会主義で憲法の歴史的正当性の否認決議をすればいい」（石原氏）とか、衆議院と参議院の「両院で憲法改正を断行するという決議でもいいわけで、そちらのほうが合法的な性格がみえますね」（中曽根氏）と。議会の多数決で、議会自身がほぼ全権をヒトラーに委ねてしまった1933年のナチスの「授権法」を思い起こさせるような主張でした。

今、問題なのは、そうした一部の政治家の主張としてではなく、財界総本山ともいわれる日本経団連というこの社会の圧倒的な「強者」の団体が、公然と、立憲主義破壊の主張をしだしたことです。これは、近代のルールである立憲主義をぶち壊してまで、自らの利益を最大化しようという多国籍企業を中心とする財界の強い欲求の現れでしょう。

このような欲求が現実のものとなれば、そこに現れるのは、「強い」がゆえに「正しい」とされる者たちの、やりたい放題の暴力の噴出です。そして、このような「強者」の暴力の噴出の「兆候」は、すでに私たち、日本政府の統治下で生活をせざるをえない人々の身の回りで、すでに見られます。少なくない人々が感じ始めている危機感は、こうした「強者の暴力噴出社会」への予感ではないでしょうか。

3 暴力の噴出の「兆候」

2004年2月、東京都立川市で、自衛隊のイラク派遣に反対するビラを、防衛庁の官舎に配った人たち3人が、住居侵入罪の容疑で逮捕、起訴されました。この事件は、同年12月に、東京地方裁判所八王子支部で無罪判決が言い渡されましたが、現在、東京高等裁判所で争われています。また2004年3月には、9条を守ろうという趣旨の日本共産党のビラを配布していた社会保険庁の職員が、国家公務員法違反の容疑で逮捕され、起訴されました。さらに2004年12月には、日本共産党の東京都議団と葛飾区議団の報告をマンションで配付していた人が、やはり住居侵入罪で逮捕、起訴されました。

このようなビラ配付という政治的表現の自由を狙い撃ちにし、法令を、本来の趣旨とは違うやり方で適用して、逮捕・起訴するという警察と検察の暴力の噴出がありました。他にも、東京都杉並区内で、公園の公衆トイレに「反戦」「スペクタクル社会」などの落書きをした人が、「建造物損壊罪」で、懲役1年2カ月執行猶予3年という、行為とまったく吊り合わないという意味での「重罪」判決（東京地方裁判所、2004年2月）をうけた事件もあります。政治的表現の自由、とくに時の政府の政策を鋭く批判する表現が、いかにデモクラシーにとって大切なものか、その点にまったく配慮のない逮捕、起訴や「重罪」判決は、これから来るかもしれない「強者の暴力噴出社会」の「兆候」と考えられます。他にも、「愛国心」の強制に反対する表現活動や「反戦」の表現活動などにかかわって警察による不当逮捕が相次いでいます（内田雅敏『これが犯罪？「ビラ配りで逮捕」を考える』岩波ブックレット、2005年をぜひ読んでください）。

他方、政府は、とうとう憲法を無視して、戦地であるイラクへ自衛隊を派遣し、それを続けています。自衛隊が駐屯するサマーワでは、ロケット砲弾が自衛隊駐屯地を目がけて打ち込まれ、自衛隊の車列が道路脇に仕掛けられた爆弾で狙われるという事件も起こっています。このような場所が「戦地」ではないなどという詭弁はもう通用しないでしょう。幸いにして今日まで自衛隊員に死傷者が出ていないのは、ひとえに憲法9条があるために自衛隊が、戦闘活動や武装勢力に対する反撃ができないためです。しかしこの自衛隊のイラクへの派遣も、やはり「強者の暴力噴出社会」の「兆候」でしょう。憲法を無視して実力部隊を、現地の人々の要請も同意もなしに、しかも当初は国連の決議もなしに送り込んだわけですから、国際法的には、これは端的に違法な侵略行為です。

4 立憲主義とは

さて、まずは、立憲主義というものの説明をしなければなりません。

立憲主義とは、明文の憲法典でもって、国家権力を制約することによって、人権の保障を確保する法制度のことです。歴史的には、「文明化」の過程で強大な暴力を独占することになった国家の登場が、それをコントロールする立憲主義の登場を促しました（「文明化の過程」における強大な暴力の国家による独占過程については、ノルベルト・エリアス『文明化の過程（上）（下）』法政大学出版局、1978年という重厚な学術研究があります）。

たとえば、近代的な人権宣言の端緒とされる1689年のイギリスの権利章典は、名誉革命の成果ですが、前国王ジェイムス2世の悪政の数々を弾劾し、イギリス人の「古来の自由と権利を擁護し、主張するため」に、数々の「臣民の権利および自由を宣言」した文書です。それは、当時では、強大な暴力を独占しつつあった王政に、貴族（バロン）たちが突きつけた強大な暴力の制限を確約させる文書でした。ここに立憲主義の「原型」があります。つまり「強者」の暴力の噴出を明文の権利宣言や憲法典で押さえ込む法制度こそが立憲主義なのです。

もっともイギリスの権利章典の場合、それは、すべての人間ではなく「イギリス人」（具体的には、貴族）の「古来の自由と権利」の存在を確認するというものであり、あくまで立憲主義の「原型」のひとつにすぎませんでした。

すべての人間の人権の保障を明確にした立憲主義が登場するには、あと100年の歳月が必要でした。1789年フランス人権宣言です。この宣言においてはじめて「権利の保障が確保されず、権力の分立が定められていないすべての社会は、憲法をもつものではない」（第16条）という明確な立憲主義の定義が登場しました。

このフランス人権宣言もまた、「文明化の過程」で強大な暴力を独占した絶対王政（ルイ王朝）を「革命」によって打倒し、強大な暴力を独占した国家を制限することを明確にした文書です。

ただ、ここで注意をしておかなければならないのは、フランス革命も、強大な暴力を独占した国家を否定するものではなく、それを前提にして、権利の保障と権力の分立という立憲主義のルールをつくろうとしたということです。国家による強大な暴力の独占は、フランス革命を経て、破壊されるどころか、「国民軍」の創設や中央集権の強化という形でむしろ強化されていったのです。

5 立憲主義の歴史における「9条」の意義

憲法学者の樋口陽一氏は、次のように述べています。「かつての天皇と軍とそのために死ぬことを力づけた国家神道、この三者の結びつきをいったん否定する。統治権の総覧者としての天皇から『象徴天皇』へ、国家神道から『政教分離』への転換と並んで、軍事価値の否定というところに、憲法九条が持っていた大きな意味があった」（樋口『個人と国家』集英社新書、2000年）と。

この文章が含まれている章のタイトルは、ずばり「自由の基礎としての第9条」です。「9条」によって軍事価値を否定することが、少なくとも日本社会では、国内の自由にとって非常に重要な意味があるという見解です。

この樋口氏の見解に着想を得て、以下、立憲主義における「9条」の意義を私なりに説明しましょう。

立憲主義は、日本国憲法が登場するまで、強大な暴力を独占した国家というものを前提にし、その強大な暴力の発動のルールを明確にするというものでした。「一切の戦力」の放棄を明確にした「9条」は、フランス人権宣言から1世紀半の間に2度の世界大戦など凄惨な戦争を経て、すべての人間の権利の保障を確実にするためには、軍隊という国家が独占した強大な暴力そのものをなくさなければならないという新しい立憲主義思想の登場を意味します。18世紀末のフランスは、国王が恣意的に強大な暴力を独占し、恣意的に人々に税金を課す絶対王政を否定しました。しかし、すべての人間の人権を宣言したという意味で「普通の国」ではありえませんでした。それと同じ意味で、すべての人々の人権をよりよく保障するためには「一切の戦力」の放棄が必要だという思想に基づく日本国憲法は、今のところ、「普通の国」の憲法ではありえません。

しかし強大な暴力を独占した国家をそのままにして、人権保障はありえないという「9条」の趣旨は、これからますます普及していくでしょう。第2次世界大戦後も繰り返される凄惨な戦争と戦時における国内での人権抑圧の歴史そのものが、「9条」の意義を証明しています。

「9条」の登場により、立憲主義は、国家による強大な暴力の独占を前提にした人権保障のルールから、それを可能な限り削減させることによる人権保障のルールへという大きな変貌を開始したのです。

「9条」は、このような新しい立憲主義のあり方を示し、「強者の暴力噴出社会」を決してあってはならないものとして否定しています。今、「9条」を「改正」させない努力をすることは、海外派兵をさせないというにとどまらず、国境の内外で「強者の暴力噴出社会」を否定する闘いという非常に重要な意味を持っています。「9条」を「改正」させない努力に対して「現実離れしている」「古い」「時代遅れ」等々の批判があります。しかしこの新しい立憲主義のための闘いは、まだ始まって60年ほどの歴史しかありません。1789年フランス人権宣言にしても、その理念が基本的に定着するのには、１８７５年の第3共和制の成立を待たねばなりませんでした。

１７８9年から60年後の１８４9年のフランス社会はどうだったでしょうか。１８４８年の「2月革命」という労働者・職人らの権利要求の闘いが、周辺の国々と連動して起こり、最後は「6月蜂起」に対する国家の武力弾圧によって血の海に沈められました。その絶望感のなかで１８５１年からナポレオン・ボナパルトの「帝政」という恐怖政治がはじまる前夜でした。新しい理念や法制度が定着するには、そのくらいの努力と時間が必要なのです。たかが60年の歴史を顧みて、「古い」「時代遅れ」などという批判は、このような歴史を不当に軽視しているか、「9条」の持つ意義を正確に理解していないといわざるを得ません。１７８9年フランス人権宣言も、１世紀近くにわたって「現実離れ」していたことも忘れてはなりません。

なお、念のために述べておきます。「9条」が、第2次世界大戦後の特殊な状況の中で、占領軍である連合国軍総司令部（ＧＨＱ）によって日本政府に対して押し付けられたという事実は、否定できません。「9条」は、天皇制を存置するかわりに戦力の保持を禁止することによって日本の軍国主義の復活を拒むというのが制定の実際上の理由でした。「9条」は、日本軍国主義によって侵略され、略奪されたアジアの人々の天皇制廃止の要求をそらす「避雷針」だったのです。いわば、偶然の産物です。

しかし実は、1789年フランス人権宣言も、偶然の産物です。イギリスの「権利章典」やアメリカの「独立宣言」と比べるとよく分かります。後の2つの文書が、王政や植民地本国の圧制を厳しく弾劾しているのに対して、フランス人権宣言には、そのような文言はまったくなく、きわめて抽象的です。これは、国民議会に集まり、フランス革命を当初リードした政治エリートたちの、ルイ王朝との正面衝突回避という戦略の産物であったのです。その意味では、「9条」と同じく、偶然の産物です。大切なのは、偶然の産物であった憲法のテクストが、多くの人々のさまざまな想像力をかきたて続けているということです。「9条」をめぐって、ある人は専守防衛に徹した軍事的小国主義の夢を見ており、ある人は非武装中立国家の夢を見ており、ある人は「常備軍廃止」の夢を見ており、ある人は非暴力社会の夢を見ています。その他のさまざまな夢を含めて、「9条」は、その鮮烈な刺激を失ってはいないのです。

6 「9条」のために

「9条」は、すべての人間の権利の保障を確実にするために、軍隊という国家が独占した強大な暴力そのものをなくさなければならないという新しい立憲主義思想の登場を意味する、と先ほど私は説きました。このことを、もう少し詳しく説明しましょう。

近代の立憲主義は、国家による暴力の独占を前提にしています。さらにこの近代国家は、暴力の独占を前提にして、「国民」の範囲を確定し、人々を「国民化」します（西川長夫『国民国家論の射程——あるいは「国民」という怪物について』1998年、柏書房などを参照）。

そのことに関して、国民国家（文明国家）についてのノルベルト・エリアスの次の説明を引用することができます。すなわち、国家によって独占され、「蓄積された暴力から絶えず平均化された圧力が個々の人間の上にのしかかってくる。この圧力は完全に習慣化しているし、個々の人間の行動や衝動のあり方がごく幼少のときからこうした社会構造に基づいて規定されてきているから、しばしばそれが感じられないことが多い」(エリアス、前掲書、345頁)。

エリアスは、ナチス・ドイツにおける暴力の噴出の痛苦の経験から、なぜ「文明」のもとで、暴力が減るどころか、蓄積され、暴発するのかを考えた思想家です。エリアスは、国家に蓄積された暴力が巨大化するとともに、時として意識すらされない国家の巨大な暴力の圧力の下で、個々の人間は、均質化された「国民」になると考えたのです。個々人が、基本的に暴力を振るわないのも、国家の巨大な暴力の圧力があるからであるというのです。そして、このように「文明」が暴力をなくすどころか蓄積していったからこそ、「文明」あるいは「文化」の名の下で、巨大な暴力が、噴出したというのです。

近代は、いままではこのような巨大な暴力を蓄積した「国民国家」あるいは「文明国家」の時代でした(この点については、とりあえず、谷川稔『国民国家とナショナリズム』1999年、山川出版社を参照)。その下では、人権保障の仕組みが見事に整備されても、人々は決して自由にはなりません。それどころか「自由」や「人権」の名による戦争さえ、時には肯定されてしまうのです。

「9条」は、このような近代のまっただ中で、国家による巨大な暴力の独占を否定することによって、個々人の自由の余地を広げるという試みです。それは、「9条」や日本国憲法の前文に刺激されてさまざまな夢を見る人々によって、「強者」の暴力の暴発を抑止するという重要な役割を、いまだに果たしており、これからも果たし続けるでしょう。

私は、神奈川県藤沢市内で行われたある学習会で「9条」の話をしたことがあります。その学習会の参加者は、憲法問題にも、政治問題にも、それほど関心があるとはいえない方々でした。その学習会で私は、日本国憲法の前文と「9条」をまず読んでもらい感想を聞きました。日本国憲法の制定過程もその後の歴史もよく知らないという参加者の1人は、「これは、プライドをもった人が書いた文章だと感じた」と述べました。

「プライド」というまったく予期しなかった言葉に、私は、日本国憲法を支える思想の力強さを、あらためて教えられました。

国家による強大な暴力の独占を前提としない立憲主義へ、その道を私たちはこれからも歩み続けるべきであると思います。「プライド」をもって。

【本章に関係する本】

・渡辺治『憲法「改正」——軍事大国化・構造改革から改憲へ』旬報社、2005年。なぜ財界や自由民主党や民主党が、憲法9条の「改正」を目指しているのか。その歴史的経緯や背景を説明しています。

・憲法再生フォーラム編『改憲は必要か』岩波新書、2004年。「改憲」をめぐるさまざまな論点を憲法、政治、国際法などの専門家が丁寧に論じています。「改憲」問題についてゆっくり考えを整理するのに非常に役立つ本です。

・浦部法穂『憲法の本』共栄書房、2005年。憲法学の考え方を分かりやすく示した格好の憲法入門書です。こんな時代だからこそ、きっちり勉強したいという人にオススメの一冊です。

第2章　「憲法改正国民投票法」の基本原理

1　基本的な視点

ここでは、改憲が不公平なルールで行われないために日本国憲法96条が予定する「憲法改正国民投票法」の輪郭を、日本国憲法の諸原理に即して、説明します。

私は、現時点で、「憲法改正国民投票法」を制定し、特に憲法9条にかかわる憲法改正国民投票を実施することに非常な危惧を覚えます。それは、「自衛軍」を保持し、その「自衛軍」の任務に国際活動を付与する自由民主党の「新憲法第1次案」（2005年8月）のような内容の憲法改正の是非が国民投票で問われたとしても、特に、そのような改正が否定された場合の憲法改正国民投票の法的効果が非常に疑わしいからです。自衛隊は、「自衛のための必要最小限度の実力」だから、憲法9条2項が保持を禁止した「戦力」にはあたらないという政府見解からも大きく逸脱した自衛隊と日米安保の明確な違憲状態が現に存する以上、まずそれを正さない限りは、「強者」たちは、憲法破壊へと突き進むでしょう。違憲状態とは、テロ特措法やイラク特措法に基づく自衛隊の海外派遣、新ガイドラインと周辺事態法に基づく「周辺事態」における自衛隊による米軍の後方支援任務などのことです。

このような深刻な違憲状態にあわせて憲法を改正するという主張は、「独裁者が政権を掌握したから、それにあわせて憲法を改正する」というのとまったく同じ意味において、立憲主義そのものの破壊の主張に他なりません。かりに憲法9条の改正提案が、国民投票によって否定された場合には、立憲主義の危機は深刻の度を増すでしょう。なぜなら、現在と同じ安全保障政策を遂行する政治勢力が政権の座にある限り、前記のような違憲状態の解消が行われることが考えにくいからです。また現に日本経団連が、「強者」の利益のためであれば立憲主義の破壊もやむなしという趣旨の提言を行っているからです。

以上の私の意見は、現在の政治勢力の配置を考えると「憲法改正国民投票法」の制定論議に乗っかることが、9条護憲派にとって不利に働くという配慮とは異なります。私の意見は、憲法違反の憲法改正国民投票法を制定しようとする政治勢力に抗して、憲法原理をふまえた議論を提示することで、憲法典で公権力を縛り上げることにより、個人の自由を確保することを真髄とする立憲主義を守ることにあります。

2　国家権力統制手段としての憲法改正手続き

憲法96条は、日本国憲法の改正手続きについての規定です。それは、日本国憲法の何らかの規定に違反するような立法や条約の締結等の必要性が生じた場合に、憲法改正の発議を行う国会が、そのような立法等に先立って、憲法を改正した上で立法等を行うべきかどうかを、国民に問う仕組みを定めたものです。憲法改正国民投票の結果、国会の発議が国民投票によって否決された場合には、当該の立法等を内閣や国会が行うことができなくなるという意味で、憲法改正国民投票は、国民に憲法によって授けられた非常に重要な国家権力統制手段なのです。

立憲主義国家にあっては、国民は、その信託によって国家権力を樹立し、その信託が国家権力の正当性の源泉（国民主権原理）になります。それと国民は、同時につねに国家権力が、国民の信託に反し個人の自由・安心・平和を侵害しないように、国家権力を統制すべき存在です。国民主権は、国家権力の正当性の源泉ではありますが、国民と実際の権力保持者は、常に他者なのです。したがって、憲法改正を発議するということは、国民からの信託の内容の変更を国家権力が国民に問うことを意味します。とりわけ、国家権力の拡大を内容とする憲法改正については、国民による厳重な統制手段となります。「自衛軍」の保持や「自衛軍」の海外派兵を可能にするための9条の改正が、目下の改憲論議の主要な争点ですが、これは、国家権力の拡大を内容とするものです。

以上のような権力統制手段としての憲法改正手続きの意義を理解しておく必要があります。日本国憲法が、96条に続けて「第10章　最高法規」を置き、「人類の多年にわたる自由獲得の成果」としての「基本的人権の本質」の規定を置き（97条）、そうした基本的人権を保障する憲法が「国の最高法規」であり（98条）、国家権力の担い手たる公務員に、この憲法の尊重擁護義務を課している（99条）のは、この96条の権力統制手段としての趣旨を逆照射しているものと読むことが可能です。今日なお、もっとも定評のある芦部信喜の憲法教科書（『憲法（第3版）』〈高橋和之補訂〉岩波書店、2002年）は、憲法改正手続きを、抵抗権や違憲審査制などと同じく「憲法の保障」に関する第18章で説明しています。このことからも、権力統制手段としての憲法改正国民投票という私の理解が、決して奇異なものではないことは分かるでしょう。

3　憲法改正権とは何か

ここで、やや難しい専門的な議論になりますが、権力統制手段としての憲法改正手続きという96条の理解の根底にある立憲主義憲法思想の一端を紹介しておきましょう。それは、「制度化された憲法制定権力」という考え方です。

この「制度化された憲法制定権力」としての憲法改正権という考え方は、芦部信喜が、『憲法制定権力』（東京大学出版会、1983年）という著書で明らかにしたもので、憲法学の通説です。この学説の真髄は、従来、裸のままの実力と理解されてきた憲法制定権力という概念を、立憲主義に適合的に理解しなおした点にあります。芦部は、「一般に制憲権は、最初の制憲行為自体にみずからを憲法の中に組織化し、自然状態から法的形式に準拠する権力へと転化してゆく」（傍点は原文、同書、45頁）と論じました。立憲主義の見地からすると、裸のままの実力としての憲法制定権力（あるいはそれと同視された「国民主権」）が、ひとたび定礎された立憲主義秩序のうちに

「ヌキ身で常駐」(樋口陽一『近代立憲主義と現代国家』勁草書房、1973年、302頁)することは許されないのです。

このような立憲主義によって枠付けられた憲法制定権力は、裸のままの実力としてのそれと区別する意味で、憲法改正権と称されます。言い換えれば、憲法改正権は、立憲主義秩序の確立をもって、制度化され、憲法規範となった憲法制定権力であるということです。他方、このような憲法思想に立脚するのであれば、立憲主義秩序のもとで、全能の実力としての憲法制定権力を語ることは、立憲主義秩序破壊的な革命ないしクーデタの主張に他なりません。今日の日本の憲法状況にあって、安易に憲法制定権力の概念を持ち出すことは、厳に慎まなければなりません。

なお、自由民主党が2005年8月に公表したのは、「憲法改正案」ではなく、「新憲法」の案であることには注意が必要です。自由民主党は、日本国憲法の改正ではなく、新憲法の制定を主張しているのです。ということは、日本国憲法の諸原理に枠付けられない、反立憲主義的な憲法制定権力の発動を考えているとみていいのです。

さて、憲法96条は、前記の意味における憲法改正権についての規定ですから、それを具体化する国会の発議および憲法改正国民投票の手続きは、日本国憲法の諸原理を踏まえて定められねばなりません。簡単に言えば、日本国憲法に背馳する手続きを定めることは許されないということです。少なくとも、日本国憲法に、明らかに違反する手続きの定めは、それ自体が違憲であるという評価を受けざるをえません。

この点を踏まえて、次に憲法96条を具体化する憲法改正手続きの基本原理について、説明しましょう。

4　憲法改正権の具体化

①国会の発議

憲法96条が定める憲法改正の手続きには、「各議院の総議員の三分の二以上の賛成」による国会の憲法改正の発議、「特別の国民投票又は国会の定める選挙の際行はれる投票」における国民の過半数の「承認」、そして「国民の名」における天皇による公布という3段階の手続きが含まれています。

まず、国会の発議について説明します。「各議院」すなわち衆議院ならびに参議院の「総議員の三分の二以上の賛成」によって、国会が憲法改正案を国民に対して発議するという手続きに関して問題になるのは、第1に、内閣は、国会に憲法改正の提案ができるかどうかという問題です。この点については、憲法に明文の規定はありません。通常の法律案の場合、内閣法５条によって「議案を国会に提出する」権限が、内閣に与えられています。そしてこの内閣による国会への法案提出権限を学説はおおむね合憲であると理解しています。通常の法律案の場合は、日本国憲法が議院内閣制を採用している以上、内閣に法案提出権を認める余地はあるでしょう。しかし、憲法改正は、議院内閣制の仕組みとは関係がない上に、憲法96条が、発議の権限を、明確に「国会」に限定しているのですから、内閣による憲法改正案の国会への提案は認められないと考えるべきでしょう。

第２に、国会による発議について、衆議院の議決の優越ないし参議院が否決した場合の「両院協議会」による発議が認められるかが問題となります。憲法上、このような手続きが認められているのは、59条（法律案の議決）、60条（予算の議決）、61条（条約の承認）、および67条（内閣総理大臣の指名）です。しかし、憲法改正の発議は、これらの案件を定めるのとは異なる条文（すなわち96条）によるものであり、そこに衆議院の優越や両院協議会の定めがない以上、それらの手続きによる発議は、認められません。立憲主義は、国家権力に憲法典が明示的に付与した権限以外の権限を認めることを許しません。憲法典に書いていないということは、そのような権限がないと解釈すべきなのです。

第3に、「総議員」の意味について、法定の議員数か、在職議員数かが問題になります。憲法学説では、法定議員説が有力です。出席議員の3分の2の賛成による議員の資格剥奪の手続き（憲法55条）の濫用の危険もあるので、法定議員説に立つのが妥当でしょう。

以上、要するに、憲法改正を国会が発議する手続きにおいて、内閣による国会への憲法改正案の提案は許されず、参議院が憲法改正案を否決した場合には、ただちに憲法改正案が否決されたと理解すべきであり、憲法96条の「総議員」は、法定議員数であると解することが憲法上の要請であると考えられます。

②憲法改正国民投票

さて憲法96条は、国会の発議を受けて、「特別の国民投票又は国会の定める選挙の際行はれる投票」における国民の過半数の「承認」を得ることを憲法改正の要件としています。

「特別の国民投票」であれ、国会議員選挙の際に行われる投票であれ、憲法96条に基づく憲法改正国民投票は、憲法15条を根拠とする公職の選挙とは、根拠条文が異なることに注意しなければなりません。また性質も前者は、憲法にかかわるあるイシューについての投票であり、後者は、基本的に政党ないし候補者の示す複数のイシューについての政策体系への投票ですから、まったく異なります。したがって、憲法改正国民投票の実施には、憲法96条を具体化する「憲法改正国民投票法」を制定し、有権者の範囲、投票方法、投票手続き、憲法改正に関する有権者の意見表明の方法などを具体化する必要があります。そしてその制定にあたっては、前記の憲法改正国民投票と公職選挙の根拠条文および性質の違いに十分に留意しなければなりません。たとえば、ある憲法改正案についての賛否の意見表明や説得の手段の保障や規制を定めるにあたって、まったく性質の異なる憲法15条の具体化である公職選挙法の選挙運動規制等を安易に憲法改正国民投票法にスライドさせるような無原則なやり方は、厳に慎まねばなりません。

第1に、有権者の範囲の確定ですが、憲法典の安定性の必要からすれば、将来の世代もなるべく多く有権者に加えるべきです。多くの人が就職をする18歳以上の人々による平等な投票権を保障することを検討する必要があるでしょう。また、少なくとも、定住外国人の権利・義務にかかわるイシューの憲法改正案については、定住外国人も有権者に含める必要があるでしょう。たとえば、具体的な事件の解決に必要な裁判規範としての性格はともかくとして、国会および内閣が、その実現義務を負うという法的性質を有する「平和のうちに生存する権利」（憲法前文）は、「全世界の国民」に保障されている以上、この権利にかかわる憲法改正案（当然、その保障の仕組みである9条改正も含みます）については、定住外国人を有権者に含む必要があるでしょう。このイシューに関しては、日本の過去の侵略戦争への反省のあるなしも重要な争点なりますから、特に特別永住外国人については、投票権を保障することが不可欠です。また重度の障がい者等、投票所へ行き、賛否を自筆できない人の投票権を保障する制度（たとえば、在宅投票制など）の整備も不可欠です。

第2に、投票方法は、有権者が分かりやすいように、提案された憲法改正案（条文）が明記された用紙の賛成欄ないし反対欄のいずれかに○をする方法でなければなりません。この点は、あまり争いはないでしょう。問題は、複数のイシューにおよぶ憲法改正の場合に、包括的投票にするのか、イシューごとの投票にするのかです。

前記のとおり、96条の憲法改正権は、日本国憲法によって制度化された憲法制定権力である以上、日本国憲法との同一性を損なうような憲法改正を想定していません。つまり憲法96条の改正手続きは、日本国憲法の基本原理すなわち国民主権・基本的人権の保障・平和主義の3原理の変更をともなうような改正を想定していないのです。また憲法条文（前文も含む）の全面改正も想定していません。その証拠に、憲法96条2項は、1項の改正手続きによって憲法改正が「承認を得たときは、天皇は、国民の名で、この憲法と一体を成すものとして、直ちにこれを公布する」としています。「この憲法と一体を成す」ことが不可能な基本原理の変更ないし全面改正は、憲法96条が予定していないものです（佐藤幸治『憲法（第3版）』青林書院1995年、38頁以下など参照）。なお、この点に関連して、憲法前文に「われわれは、これに反する一切の憲法、法令、詔勅を排除する」という文言があることにも留意しなければなりません。

したがって日本国憲法96条が予定する憲法改正は、条文の追加ないし個別条文の修正ですから、個別の憲法イシューごとの個別の投票が、憲法上の要請だということになります。憲法改正案の発議を受けて形成される民意の正確な反映という観点からも、個別問題ごとの投票が不可欠です。

第3に、ある憲法改正案についての賛否の意見表明や説得（以下、「投票運動」）の手段についても、前記のとおり、公職選挙法の公職の選挙運動規制をスライドさせることは、厳に慎まれなければなりません。憲法15条に基づく公職の選挙と憲法96条に基づく憲法改正国民投票の相違を十分にわきまえて、どのような規制が必要かを周到に検討する必要があります。この点については、先行する研究もほとんどないので、一定の輪郭を描くこととしかまだできません。

まず、憲法改正についての民意は、公正かつ十分な情報に基づいた論議によってつくられるという認識が必要不可欠です。そもそもあるイシューについての固定的な民意を確認するために憲法改正国民投票があるわけではありません。国会での討論と発議、および「投票運動」においてなされるさまざまな意見表明、説得、分析等を通じて、憲法改正についての民意は形成されるのです。このような認識に立ち、あるイシューについて、十分な情報と討議への参加の機会が、あらゆる有権者に保障されなければなりません。この認識にたてば、形成される憲法改正についての民意は、その時の国会の政党別議席構成とは異なることは当然です。したがって、憲法の運用の仕方としては、9条改正のような極めて重要なイシューを発議しようとする場合には、衆議院は、それを争点とした選挙を行い、発議の後、国民の賛否が表明された後に解散するような工夫が必要でしょう。「そんなヒマはない」などという議論は、厳に慎まれるべきです。極めて重要なイシューついて憲法改正を提起するのであれば、慎重にも慎重を重ねた十分な討議と情報交換がなされる必要があります。憲法典というものは、安易に改正していいものではありません。いわば、事実上の「憲法議会」を構成し、国会での集中討論を通じて、憲法改正案を必要とする事実があるかどうか、メリット・デメリット、あるいは他の憲法条文との整合性などの基本情報や争点を、十分に有権者に提供するべきでしょう。

またマス・メディアの報道等の規制の必要性ですが、そもそもマス・メディアといっても、言論機関としての側面を強く有しています。マス・メディアの影響力の大きさは否定できませんが、その影響力を減殺するには、有権者自身の「投票運動」を幅広く認めることも可能であること等を考えれば、憲法21条1項が保障する表現の自由によって保障される報道の自由を規制する利益は極めて乏しいでしょう。またマス・メディアの報道等の規制は、かえって憲法違反の言論統制になりかねません。この点については、事実上も統制が不可能だという見解も有力に唱えられています（今井一編著『「9条」変えるか変えないか　憲法改正・国民投票のルールブック』現代人文社、2005年、第2章）。

なお、電波の有限性などを理由に放送法上、強い中立性を要請されている放送メディアについては、憲法改正案の賛成・反対の意見を質・量ともに対等に扱うことが「中立性」の内容として要請されるでしょう。なぜなら、前記のとおり、憲法改正についての民意は、「投票運動」等を通じて形成されるものであって、既存の政党の勢力配置とは異なる可能性が高いからです。いずれにせよ、新たな法規制の必要性は見出せません。

また教育者等の「地位利用の禁止」などの規制は、学問の自由などを侵害する危険がありますので、許されません。

まとめ

以上、憲法96条の憲法改正権の権力統制手段という性質およびその具体化の段階におけるいくつかの憲法上の留意点について説明しました。立憲主義秩序のもとにおける憲法改正権について、多少とも理解を深めていただけたでしょうか。

【本章に関係する本】

・全国憲法研究会編『憲法改正問題』２００５年、日本評論社。特に吉田栄司氏の論文「憲法改正の手続」は、私が本章を書く上で、大いに参考にしました。

・小沢隆一『はじめて学ぶ日本国憲法』２００５年、大月書店。日本国憲法全般にわたる入門書ですが、憲法改正についての叙述も、わかりやすくオススメです。
・今井一編著『「９条」変えるか変えないか　憲法改正・国民投票のルールブック』現代人文社、２００５年。「憲法改正国民投票法」の制定を進めようとするさまざまな立場の人が、この問題を縦横に論じた本です。
（本章は、明石書店から発行されている『現代の理論』05夏、vol4に発表した拙稿に若干の加筆修正をしたものです。また、本章では、同書では使っていない「国民」という言葉を使用しています。本章では、憲法改正国民投票の有権者という限定された意味で「国民」という言葉を使用しました。）

第3章　「国民保護体制」という虚妄

1　「有事」の定義から見える虚妄

この章で批判的に扱う「国民保護体制」が想定している「有事」とは何でしょうか。まずその説明をしましょう。

法令上は、「有事」を定義しているのは、武力攻撃事態法（正式名称は、「武力攻撃事態等における我が国の平和と独立並びに国及び国民の安全の確保に関する法律」（2003年6月成立）、以下、「事態法」）です。

この法律は、「有事」を次のように定義しています。

(1)　武力攻撃事態法の定義

①武力攻撃事態――「武力攻撃が発生した事態又は武力攻撃が発生する明白な危険が切迫していると認められるに至った事態」（事態法2条の二）

②武力攻撃予測事態――「武力攻撃事態には至っていないが、事態が緊迫し、武力攻撃が予測されるに至った事態」(事態法2条の三)

③緊急対処事態――「武力攻撃の手段に準ずる手段を用いて多数の人を殺傷する行為が発生した事態又は当該行為が発生する明白な危険が切迫していると認められるに至った事態(後日対処基本方針において武力攻撃事態であることの認定が行われることとなる事態を含む。)で、国家として緊急に対処することが必要なもの」(事態法25条1項)

このように武力攻撃事態法によると、「有事」は、「武力攻撃事態」「武力攻撃予測事態」「緊急対処事態」に分類されています。そして、ある事態が、これらの3事態に当たるかどうかは、政府が認定します(事態法9条2項、25条2項)。

国民保護法もそのひとつである「有事法制」全体を見た場合、最大の問題は、②の「武力攻撃予測事態」にも対処する法制となっている点です。

武力攻撃事態法の国会審議のなかで、政府は、「武力攻撃予測事態」が、周辺事態法(正式名称は、「周辺事態に際して我が国の平和及び安全を確保するための措置に関する法律」、1999年5月28日成立、8月25日施行)の「周辺事態」と「併存」することがありうると最初から述べていました（たとえば、２００２年４月26日、衆議院本会議での小泉純一郎総理大臣の説明）。

周辺事態とは、「そのまま放置すれば我が国に対する直接の武力攻撃に至るおそれのある事態等我が国周辺の地域における我が国の平和及び安全に重大な影響を与える事態」（周辺事態法１条）です。簡単にいえば、「我が国」への直接の武力攻撃がない場合であっても、たとえば北東アジアで紛争が発生し、米軍が介入した場合も「周辺事態」になりうるということです。この場合、「周辺事態法」に基づき、自衛隊は、米軍の「後方支援活動」＝物資の補給などの「兵站活動」などを行うことになります。すなわち、「我が国」への直接の武力攻撃がないにもかかわらず、自衛隊が、米軍と「共同行動」を行うのです。そして、そのような「周辺事態」と「武力攻撃予測事態」が「併存」することもありうるというのが、有事法制の「ミソ」です。

現在のところ、政府は、周辺事態法については、「戦闘地域」と「後方支援地域」が区別可能であるから、自衛隊による米軍の「後方支援」は、集団的自衛権の行使に当たらないという説明をしています。しかし、ここが今の立憲主義の危機に係わるわけですが、「後方支援活動」＝「兵站活動」は、れっきとした戦闘行為であり、集団的自衛権の行使に当たるものです。「有事法制」は、こうした米軍の北東アジアでの戦争に、自衛隊も「参戦」することを前提に、運輸や港湾や空港や医療などに従事する指定公共機関などの民間企業や民間施設や地方自治体をもそれに動員しようというものです。このように「有事法制」は、「先制攻撃」もする米軍と自衛隊の「共同行動」に民間企業や民間施設や地方自治体も動員する侵略的な側面が強いものです。

この侵略的な側面については、この本ではこれ以上は、述べません。ここで、確認しておきたいのは、このように侵略的な側面が強い「有事」を前提とした法制の中に「国民保護法」があるということです。政府は、自ら海外で戦争をする仕組みを整えながら、それに伴なって生じる「敵国」からの反撃というリスクに対処する「有事法制」を整備したのです。「有事」に「緊急対処事態」（9・11事件、スペインの列車爆破事件、ロンドンの地下鉄連続爆破事件のような「事態」）が組み込まれたのも、自衛隊をイラクに派遣したことに伴うリスクが現実味を帯びてきたからに他ならず、北東アジアでも今後、米軍と「共同行動」をとる体制を整えることに伴うリスクに備えるためだと考えていいでしょう。

以上のことを前提にしながら、さらに「国民保護体制」について検討をしていきましょう。

(2)「基本指針」の定義

政府は、国民保護法の制定を受けて、国民の保護に関する基本指針（以下、「基本指針」）を2005年3月に策定しました。これに即して、「国民保護体制」が前提とする「有事」について、もう少し具体的に説明しましょう。

「基本指針」では、8つの類型の「有事」が想定されています。

まず、「武力攻撃事態の類型」（第2章第1節）として次の4つを挙げています。

①着上陸侵攻
②ゲリラや特殊部隊による攻撃
③弾道ミサイル攻撃
④航空攻撃

このうち、①と④については、政府自身が、2004年12月10日に決定した「新防衛計画大綱」（以下、「新大綱」）で、「本格的な侵略事態」とするもので、「その可能性は低下していると判断、対機甲戦、対潜戦、対航空侵攻を重視した整備構想を転換し、装備・要員について抜本的な見直しを行い縮減を図る」としているものです（引用は、「新防衛計画大綱・要旨」『朝日新聞』２００4年12月11日付。以下、同じ）。

つまりは、政府自身が、装備・要員の縮減を図るほどに可能性が少ない「有事」なのです。またこのような「本格的な侵略事態」が、仮に発生するとすれば、それは「避難」などというレベルで対処できるものではありません。甚大な被害をもたらす壊滅的な「総力戦」がなされることとなります。他方、この「新大綱」が「新たな脅威や多様な事態」として対応が「差し迫った課題」としているのが、②と③の「有事」です。つまり「国際テロ組織などの非国家主体が重大な脅威。大量破壊兵器や弾道ミサイルの拡散、国際テロ組織等などの新たな脅威や平和と安全に影響を与える多様な事態」です。このような「事態」は、次の「緊急対処事態」にもかかわりますので、まずそれを確認しましょう。

「基本指針」は、「緊急対処事態」（第5章第1節）として次の4つを挙げています。

⑤「危険性を内在する物質を有する施設等に対する攻撃が行われる事態」
⑥「多数の人が集合する施設、大量輸送機関等に対する攻撃が行われる事態」
⑦「多数の人を殺傷する特性を有する物質等による攻撃が行われる事態」
⑧「破壊の手段として交通機関を用いた攻撃等が行われる事態」

先の②と③にこの4つを加えた6つが、「新たな脅威」として、「新大綱」が、それらへの対応を「差し迫った課題」とする「有事」と重なります。

まず③の「弾道ミサイル攻撃」について言えば、それが北東アジアのどこかで発射されるものであれば、着弾までの時間は数分です。また発射された時点では、どこが標的なのか分からないし、標的に正確に届くとも限らないものです。だからこそ、有事法制の国会審議の中で、次のような答弁がなされたのです。すなわち「我が国の国土に対してミサイル攻撃等による攻撃が行われた場合に、座して自滅を待つべしというのが憲法の趣旨とするというふうにはどうしても考えられないのではないかと思います。そういう場合には、そのような攻撃を防ぐために、万やむを得ない必要最小限度の措置をとること、例えばミサイル基地等による攻撃を、防御するためにほかに手段がないと認められる限り、ミサイルの基地をたたくということは、法理的には自衛の範囲に含まれ、可能であるというべきものであるというふうに考えます」（衆議院・武力攻撃への対処に関する特別委員会、中谷元・防衛庁長官、2002年5月20日）と。

この政府の答弁に見られるとおり、「弾道ミサイル攻撃」が発生することを想定した場合には、それを防ぐには、基本的には、その基地への「先制攻撃」しかないのです。この論理は、ある国が「弾道ミサイル攻撃」の準備に着手したという「口実」で、侵略戦争の戦端を開きかねない危険なものですが、それはともかく、「国民保護体制」を構築して、被害を最小限に抑えるというようなことよりも、このような甚大な被害がさけられない事態に至るような緊張関係を近隣諸国と持たないようにする外交努力こそが求められるものです。

さて、残った②、⑤、⑥、⑦、⑧の「有事」ですが、ある意味では、これらの「有事」に備えるためには、「国民保護体制」の構築は、あながち的外れでもないと思われます。ただし、それは、「攻撃」を防いだり、「攻撃」の被害を最小限に抑えるという意味ではなく、平時から、「テロリスト」「スパイ」などが潜伏していないかを監視するシステムとして……。そして、このようなことを想定した場合、監視されるのは、外国人とは限りません。沖縄戦で、沖縄の住民がスパイ扱いされた例、最近の例ではロンドンの地下鉄連続爆破事件の実行犯がイギリス人青年であったと報道されていることを考えれば、よく分かります。監視されるのは、すべての人だということにならざるをえません。「国民保護」どころか、相互監視・密告社会を、平時からつくり出すことになるのです。

さて、「国民保護体制」の構築が想定している「有事」について、以上で簡単に説明しました。ここで、「鳥取県国民保護計画」の作成に関与した岩下文広氏が、次のように述べていることを紹介しておきます。「有事」について、「前例がない、モデルがない、有事が想像できない」という状況下で行われた「住民避難のシュミレーション」の実施は、「イマジネーションの世界であった」（『国民保護計画をつくる鳥取から始まる住民避難への取組み』2004年、ぎょうせい、23頁）と。実際に、県の「国民保護計画」作成に関与した人の現場レベルでの率直な感想でしょう。問題は、「イマジネーション」の暴走がもたらす「テロリスト」「スパイ」「非協力者」などからの「国民保護」＝「相互監視・密告社会」の到来の恐怖です。

2 「国民保護体制」構築から見える虚妄

(1) 国民保護協議会条例づくり

「武力攻撃事態法」では、先に説明した「有事」を政府が認定した場合の対処措置を次のように定めています。

第1は、「武力攻撃事態」「武力攻撃予測事態」の場合の対処措置です。まず、政府が、「事態」の認定を含めた「対処基本方針」を定めます（事態法9条）。その後、政府は、「武力攻撃事態対策本部」を設置します（事態法第10条）。そして、2つの対処措置を講じることになります。そのひとつが「武力攻撃事態等を終結させるため」の措置（事態法第2条7号イ）である「侵害排除」です。もうひとつが「武力攻撃から国民の生命、身体及び財産を保護するため」等の措置（事態法2条7号ロ）である「国民保護」です。

第2は、「緊急対処事態」の場合の対処措置です。まず政府が、「事態」の認定も含めた「緊急対処事態対処方針」を定めます（事態法第25条第1号）。その後、政府は、「緊急対処事態対策本部」を設置します（事態法26条）。そして、「侵害排除」としての「攻撃の予防、鎮圧その他の措置」（事態法第25条3号の一）と「国民保護」としての「緊急対処事態における攻撃から国民の生命、身体及び財産を保護するため」等の措置（事態法第25条3号の二）を講じることになります。

こうした仕組みのなかの「国民保護」の部分を具体化したのが、2004年6月に成立した「国民保護法」（正式名称は、「武力攻撃事態等における国民の保護のための措置に関する法律」）です。

２００５年３月、国民保護法32条に基づいて、政府は「国民の保護に関する基本指針」（以下、「基本指針」）を閣議決定しました。また法的根拠はないのですが、地方自治体の「国民保護計画」づくりを推進するために、国民保護を管轄する消防庁国民保護室は、２００５年３月に「都道府県国民保護モデル計画」（以下、「モデル計画」）を作成しています。さらに同国民保護室は、２００５年度中に、市町村向けの「モデル計画」を作成する予定です。

国民保護法と「基本指針」を具体化するために、今、さまざまな職場や地方自治体で「計画」づくりが進んでいます。何の計画かというと、「武力攻撃事態」、「武力攻撃予測事態」又は「緊急対処事態」が発生した場合に、住民を効率的に安全な場所に避難させるための計画です。

具体的にいうと、指定行政機関の「国民の保護に関する計画」（同法33条）、都道府県の「国民の保護に関する計画」（同法34条）、市町村の「国民保護に関する計画」（同法35条）、指定公共機関及び指定地方公共機関の「国民の保護に関する業務計画」（同法36条）の作成が進んでいるのです。

このうち、平素から都道府県の「国民保護計画」づくりを行う「国民保護協議会」

を設置する条例が、沖縄県などいくつかの県を除く各都道府県で、すでに２００５年３月までに成立しています。

（２）　地方自治体の対策本部条例づくり

他方、国の「対処基本方針」ないし「緊急対処事態対処方針」の策定を受けて、実際に「国民保護」措置に当たることになる都道府県の「対策本部」と市町村の「対策本部」設置の根拠となる条例の制定も進んでいます。これも、沖縄県などいくつかの県を除く各都道府県で、すでに２００５年３月までに成立しています。

これらの自治体の「対策本部」は、「武力攻撃事態」「武力攻撃予測事態」又は「緊急対処事態」を政府が認定するのをまって立ち上げられる組織です。「国民保護体制」は、「有事」には、この「対策本部」の系統で対処措置が講じられることになります。

ここで注意しておかなければならないのは、「武力攻撃事態」「武力攻撃予測事態」又は「緊急対処事態」であるか否かは、政府が判断することです。そうした性質である以上、「有事」に「国民保護体制」を執行する仕組みは、徹底的にトップ・ダウンになります。政府が、それらの「事態」を認定してはじめて、地方自治体は、「国民保護」措置を講じることになります。

ここが、震災などの自然災害と決定的に異なります。自然災害の場合は、まず災害を被った自治体が「対策本部」を立ち上げ、必要な支援を、都道府県や国に要請します。ボトム・アップなのです。首相官邸等にいては、災害の程度やどのような支援が必要かが分からないからでしょう。自治体の的確な判断が、災害の被害を最小限にするのです。

「有事」の場合は、自然災害と同じというわけにはいかないのです。なぜなら、「有事」は、人為だからです。つまりたとえば地震の場合、いかに甚大な被害をもたらしたものであっても、住民の避難路や避難先をねらって「余震」が来るわけではありません。被害情報や津波や余震の可能性なども、報道機関が、どんどん報道します。「侵害排除」もありません。しかし「有事」の場合は、最初の攻撃があったあと、攻撃が続く可能性があります。そしてその攻撃は、避難路ともなれば「侵害排除」に向から自衛隊や米軍の通路ともなる道路や空港や港湾に加えられることもあるのです。

また、報道を通じて、「国道X号線は『侵害排除』に向から陸上自衛隊が進むので、別の道路を通って避難してください」などという自衛隊や米軍の行動を「敵」に知らせるような情報提供がなされるはずがありません。ですから、政府の「対策本部」からトップ・ダウンで避難指示が自治体の「対策本部」にくるということにならざるをえないのです。住民が、勝手に自家用車で避難するなどということは、「有事」には許されないでしょう。そんなことを住民がすれば、「侵害排除」のジャマになる可能性があるばかりか、「緊急対処事態」であれば、犯人の「逃走」を防ぐために、あるいは次の「攻撃」を防止するために検問がなされることになるでしょう。

結局、ひとたび侵略的な戦争体制への道を進むと、「国民保護」といっても、このようにならざるをえないのです。

(3)　避難誘導するのは住民自身

「国民保護体制」は、政府や地方自治体が、その統治下にある住民を「保護」する仕組みではないということです。実際に避難誘導等の役目を負うのは、地域の「消防団」などのボランティアなのです。

「国民保護」措置については、「警報の発令」や「避難措置の指示」などが政府の役割（国民保護法10条）であり、政府は「侵害排除」を中心に行動します。「侵害排除」に当たる政府が、「国民保護」よりも「侵害排除」を優先する可能性は、この政府と地方自治体の役割分担にも看取できるのです。さて、政府の「警報の発令」や「避難措置の指示」などを受けて、自治体が、避難誘導等を行うわけですが、それを実際に現場で担うのは、「消防団」などのボランティアすなわち住民自身なのです。

「鳥取県国民保護計画」の作成に関与した岩下文広氏は、次のように述べています。

「住民の避難誘導の責任は市町村長にあるが、その命令を受けて、実際の避難誘導に当たるのが消防団である。間違いなく覚えておいてもらいたいのは、市町村の職員にできるわけがないということだ。一市町村全域で避難するため、避難誘導まで手が回るわけがない」（『国民保護計画をつくる鳥取から始まる住民避難への取組み』2004年、ぎょうせい、8頁）

要するに、住民の避難を誘導するのは、結局、住民自身であるということです。

以上の検討からだけでも、「国民保護体制」が、「武力攻撃から国民の生命、身体及び財産を保護するため」のものではないことが分かるでしょう。

では、いったい、なぜ「国民保護体制」づくりが進められているのでしょうか。

3　具体化の段階で見えてくる虚妄

次に「有事」の際と「平素」の際の住民に分けて、現在進んでいる都道府県レベルの「国民保護計画」づくりを素材にして、「国民保護体制」の虚妄を明らかにしましょう。

(1)　有事の際の住民

2005年5月25日、第1回の「東京都国民保護協議会」が都庁内で開かれました。そこで挨拶した石原慎太郎都知事は、「知事は知事としてその責任で、場合によっては超法規的措置をとりますし、みなさんもそういう覚悟をもってもらわないと国民の生命とか財産を保護していくことにはならない」と述べました（『都政新報』2005年5月27日）。

「超法規的行動をとります」と断言しています。結局、「有事」になれば、武力攻撃事態法、国民保護法、「基本指針」、さらには「国民保護計画」が繰り返し強調する「人権の尊重」など吹き飛んでしまうのです。法令によって知事に与えられた権限などお構いなく、住民の「避難誘導」を行うつもりでしょう。場合によっては、「強制的に」……そして沖縄戦のときのように住民にスパイの嫌疑をかけて……。「有事」すなわち「戦争」とは、そういうものだ、という意味で、石原都知事の発言は、ことの一面をはっきりと言い表したものだといえるでしょう。

「国民保護計画」は、あくまで「国民保護法」やそれに基づいて政府が作成した「基本指針」に基づいて、東京都であれば東京都の条例によって設置された「東京都国民保護協議会」によって作成されるものです。しかし、「有事」の際には、これらの法令に基づく「計画」は、「超法規的」な知事の責任において吹っ飛んでしまうのでしょう。こう考えると「国民保護計画」は、それが想定する「武力攻撃事態」「武力攻撃予測事態」又は「緊急対処事態」が現実化した場合には、基本的にただの紙切れになるものだと考えていいでしょう。

東京都についていえば、「有事」の際、東京都の昼間人口は、1120万人。誰がどう「避難誘導」をするというのでしょうか。「基本指針」には、次のような叙述があります。「大都市における住民の避難に当たっては、その人口規模に見合った避難のための交通手段及び受け入れ施設の観点から、多数の住民を遠方に短期間に避難させることは極めて困難……対策本部長は、……まず直ちに近傍の屋内施設に避難するよう指示することとし、その後の事態の推移に応じて適切な指示を行うなど、混乱発生の防止に努めるものとする」（20頁）。

ここには、巧みなすり替えがあります。大都市部に「武力攻撃事態等」あるいは「緊急対処事態」が発生した場合は、「多数の住民を遠方に短期間に避難させることは極めて困難」であり、「混乱発生の防止」に努めるのがせいぜいである、というのです。この文書には、住民の避難などムリであるというホンネが示されていると同時に、「国民」の生命や財産の「保護」が、「混乱発生の防止」にすり替えられていると言えるでしょう。

やはり、「国民保護計画」は、「有事」に際しては、ただの紙切れになると言わざるをえません。

「基本指針」には、次のような叙述もあります。「自衛隊施設、米軍施設等の周辺地域における住民の避難については、それらの施設は防衛に係る諸活動の拠点となる等の特性があることから、国（内閣官房、消防庁、厚生労働省、防衛庁、防衛施設庁、外務省、警察庁、国土交通省、海上保安庁」及び地方公共団体は、避難施設、避難経路及び運送手段の確保に当たって、平素から密接な連携を図るとともに、武力攻撃事態等において地方公共団体が住民の避難に関する措置を円滑に講ずることができるよう、国は必要な調整を行うものとする」と。

自衛隊や米軍の施設がある地方自治体の場合、平素から防衛庁などと「密接に連携」しなければならなくなるということです。しかも「有事」には、「国は必要な調整を行う」とあります。つまり防衛庁など国の機関が、住民の避難などを主導する可能性があります。他方、米軍施設がある自治体では、「有事」の際に、自衛隊と一緒に「侵害排除」にあたる米軍とは、国を介してしか情報等を得られません。

「有事」に際しては、「侵害排除」にあたる自衛隊や米軍の行動は、ことの性質上、住民には知らされずに行われます。したがって、自衛隊や米軍の施設がある地方自治体では、「国民保護計画」で、住民の避難経路等を前もって決めておくことはできません。そもそも「有事」に実効性のある「国民保護計画」はつくれないはずなのです。この点でも、「国民保護体制」が、「有事」に住民を守るためのものではないことははっきりします。

では、何のための「国民保護」なのでしょうか。「国民保護体制」は、他でもなく

「平素」において、多くの人々の思想をコントロールしていくことのみに、それだけに「役に立つ」ものだと言わざるを得ません。

（2）「平素」の住民

「国民保護体制」づくりが進むと、「平素」の住民の生活に何が起こるのでしょうか。「平素」は、関係ないというわけではありません。むしろ「平素」ではなくしてしまうのが「国民保護体制」づくりです。この点を、「平素」の生活を「平素」の生活を「平素」ではなくしてしまうのが「国民保護体制」づくりです。この点を、すでに内閣の同意を得た「鳥取県国民保護計画」（以下、「鳥取計画」）を素材に検討しましょう。

「鳥取計画」では、「本文」と「別紙」をあわせて235頁からなるものです。その本文に、「県民の協力」（本文72頁）という箇所があります。まずそれを紹介しましょう。

「平素」に県民に「要請」することとして「避難に関する訓練への参加」（要請者・知事・市町村長）があげられています。この訓練に参加しないと、要注意人物になってしまうかもしれません。「避難誘導と説得について付言しておこう。誘導は整然と迅速に行う必要がある。遅くなればなるだけ危険が高まってくる。日頃の訓練がものをいう。新法の弱点である避難に強制力がないこと、これをどうクリアーするか消防団の力の見せ所である。どこで切り上げるかをあらかじめ考えておくことも必要である。（中略）さらに避難をしないという人の説得である。これも日頃から説得しておき、説得しても考えが変わらない人の見極めをどこでするのか、事前に市町村とよく協議しておくことが必要である」（岩下文広、前掲書、9頁）と計画策定の当事者も述べています。「国民保護法」の「避難」に「強制力」がないことを「弱点」とみなし、消防団を通じて、日頃から住民を「説得」するというのです。事実上、訓練への参加を強制される「平素」の生活が、「国民保護体制」が構築された時には、私たちを待っているかもしれません。

さらに「鳥取計画」は、「県民に期待する取組」（本文73頁）として、以下の7項目を列挙しています。

①「地域内の危険箇所を把握します」、②「最寄の集合施設を把握し、経路を確認します」、③「水（1人1日分の最低必要量3リットル）及び食品3日分程度の備蓄、並びに医薬品、携帯ラジオなど非常持出用品を準備します」、④「家族で対応措置を話し合います」、⑤「役割分担、非難や連絡方法などをあらかじめ決めます」、⑥「高齢者、障害者、乳幼児等がいる家庭では、情報の伝達方法、避難方法をあらかじ

め決めます」、⑦「各家庭では、シールド・ルームを準備します※ナイロンシート、ガムテープで特定の部屋の窓や扉を密封し、外部から化学剤の侵入を少しでも遅らせようとする措置です」、以上の7項目です。

①でいう「危険箇所」というのは、「有事」を想定した場合、どういう「箇所」になるのでしょうか。米軍基地や自衛隊駐屯地、空港・港湾・道路・鉄道、水道・ガス・電気などのライフライン、河川の堤防やダム、原子力発電所、危険物を保管している場所などなど、攻撃を受ける可能性のある「箇所」というのであれば、およそあらゆる「箇所」が対象になりそうです。②と③は、自然災害と同じ発想でしょう。しかし地震や台風ならば、3日くらい生き延びれば、救助が来ることが期待できるかもしれませんが、3日で、「敵」の攻撃が終了する（あるいは「排除」される）という保障は、何もありません。④、⑤、⑥は、家族ごとに「国民保護計画」つくるということでしょう。⑦に至っては、核兵器・生物兵器・化学兵器等による攻撃を想定したものですが、「平素」から「シールド・ルーム」をつくっておくなどというのは、住民の恐怖心を煽るだけです。

さらに「鳥取計画」は、「住民への啓発」（本文74〜75頁）として次の項目を挙げています。①「国民保護法の啓発普及」、②「国際人道法の普及啓発」、③「国及び関係機関と県との役割の認識及び普及啓発」、④「避難施設、集合施設の周知」、⑤「武力攻撃災害及びその兆候等の発生時における個人の緊急時対応行動の普及」、⑥「警報、緊急通報等の啓発」です。

このような「住民への啓発」として、地方自治体が、住民向けの自衛官の講演や啓発映画の上映などを実施することなどが想定されます。それへの参加も住民には「期待」されるのでしょう。

なお、⑤にある「兆候の通報」に関しては、「武力攻撃災害に伴って発生する火災や堤防の決壊、毒素等による動物の大量死、不発弾などを発見した場合、直接消防署、警察署等を訪れて通報する他、110番、118番、119番通報します」（本文13頁）という叙述があります。こんなことを発見したら、「国民保護体制」と関係なくとも、通報するでしょう。

さらに、「基本的には、町内会等を基盤として自主防災組織を確立します」（本文75頁）という箇所もあります。

これらを考えると、「平素」の住民は、訓練に参加し、自宅でも「有事」への備えをし、啓発教育を受け、地域の「自主防災組織」に参加ないし協力するということになるでしょう。まさに「平素」が「平素」でなくなり、こうした活動を通じて、思想教育がなされていくことになるでしょう。

さらに、自治体職員は、思想教育を受けさせせられることになります。「鳥取計画」では、「職員の教育」として、「国民保護フォーラム等行事への職員参加」や「国、県の行う研修会、説明会への職員の出席」を自治体職員に求めています。すでに鳥取県は、陸上自衛隊第8普通科連隊の自衛官による研修等を行っています。自治体職員の場合、これらへの「参加」「出席」は、勤務時間外のボランティア（すなわち労働強化）になるか、職務として行われるかのいずれかです。

このように、「国民保護体制」の構築は、「9条」を地域社会から掘り崩し、「平素」から公権力に従順な住民や自治体職員をつくりだすための装置なのです。訓練への非参加者、行政が「期待する」ことがらをやらない人、消極的な自治体職員などが、「非国民」扱いされ、「強者の暴力」にさらされる下地をつくる装置なのです。

4　東京都の経過から見える虚妄

東京都の「国民保護体制」づくりについて、ここで経緯を確認しておきます。2005年3月、都議会で「国民保護協議会条例」「国民保護対策本部条例」が制定されました。そして都は、4月13日には、指定地方公共機関を指定しています。

さらに5月25日、1時間程度の形式的なものだったようですが、先の石原都知事の「超法規的」が発言もあった第1回東京都国民保護協議会が開催され、8月24日には、第2回の協議会も開催されました。ここで「国民保護計画」の原案が了承され、今後、パブリックコメントの募集などが行われるはずです。そして、11月には、第3回の協議会を開催し、意見取りまとめをし、計画案を作成し、内閣総理大臣と協議するものと思われます。そして内閣の同意を得て、2006年2月には計画を決定し、都議会に報告するものと思われます。

ここで、ひとつ疑問がわきます。わずかこれだけの「国民保護協議会」で、計画の策定ができるのでしょうか。実は、実際に、計画づくりの作業をしているのは、「東京都国民保護計画策定検討会議」（04年10月27日の「総務局長決定」で設置）です。この「検討会議」には、オブザーバーとして、陸上自衛隊第1師団司令部、海上自衛隊横須賀地方総監部、航空自衛隊航空総隊司令部も参加しています。

東京都条例によって設置された「国民保護協議会」も、実は、「了承」するだけの機関で、実際の計画づくりは、条例制定以前に、都の「総務局長決定」で設置された機関が行っているということ自体、「国民保護体制」の性質をよく現しています。その性質とは、情報をどんどん公開しているようで、実は肝心な部分は住民には分からないというものです。またひとたび「国民保護協議会条例」ができると、あとは、議会も住民も関与できないということです。議会は、「報告」を受けるのみです。

さらに明記しておくべきことは、東京都の場合は、国民保護計画の作成のために、現職の自衛官を出向の形で受けいれています。他の自治体でも自衛官ＯＢの採用が多くあります（『朝日新聞』２００4年6月7日付）。このように、「国民保護体制」づくりは、地方自治体が、議会や住民には関与させないで、国家の実力装置である自衛隊の多大な関与のもとで進められているのです。

また、東京都下の区市町村では、自治体の議員も知らない間に、都と緊密な連絡をし、区市町村の「国民保護計画」づくりに備えています。それは、東京都の条例の制定以前からです。たとえば、2004年10月25日には、「国民保護計画策定等に掛る区市町村説明会」が開催されており、この説明会に、区市町村の担当者が参加しているものと思われます。全国的にそうですが、東京都でも、2005年度中に、区市町村の国民保護協議会条例、国民保護対策本部条例等が提案される見込みであり、2005年度中に総務省消防庁が作成する市町村向け「モデル計画」をも参考にしながら、場合によっては、何らかの形で、自衛官の協力を得ながら「国民保護体制」づくりが進むことになりそうです。

まとめ

報道によれば、2005年11月末に、福井県では原発へのゲリラ攻撃を想定した実働演習がなされます。その内容は、①美浜原発（関西電力）へのゲリラ攻撃を政府が「武力攻撃事態等」と認定し、②自衛隊・警察・消防が出動し、住民の避難誘導、交通規制などを行うということです。工作員による原発攻撃も想定しており、原発防災訓練と同規模の参加者（行政1500名、住民300名程度）で実施される予定です。さらに2005年秋以降順次、全国の都道府県で、武装工作員のゲリラ攻撃を受けた際の「治安出動」を想定した陸上自衛隊と警察の実働訓練が行われます。このように、「国民保護体制」の構築は、自衛隊と警察が協働で「治安出動」の実働訓練をするほどまでに、進んでいます。

市町村レベルも含めた自治体が、そしてひとりひとりの住民が、それに組み込まれていく日は、もうすぐそこに迫っています。

この「国民保護体制」の構築は、個々人の自由のために、「軍事的価値」を最優先する社会を否定したはずの「9条」を「改憲」の手続きを得ることなく破壊し、立憲主義を自治体レベルから掘り崩すことになります。

この章の最後に、「鳥取計画」を読んでいて私が最も戦慄した箇所を紹介します。すなわち計画が、「情報戦、心理戦による被害」として、「敵の謀略的な宣伝や広報が実施された場合、国民保護措置の実施に対する住民の自発的な協力を得られなくなる恐れがあります」としている箇所です。この考え方からすれば、「国民保護体制」を批判する言論活動すら、「敵の謀略的宣伝」の疑いをかけられかねないのです。つまり、「敵の謀略的宣伝や広報」によって「住民の自発的協力」が得られなくなるという「被害」を想定するということ事態が、言論弾圧に結びつくきわめて危険な考えなのです。しかし、それが、戦争へと向かう国家の「国民保護体制」というものの性質なのです。

「9条」に基づいて国家による巨大な暴力の独占をなくしていくという新しい立憲主義を日本政府に要求し、新しい立憲主義が登場したことを世界中の人々に知らせることを「軸」とした反戦の闘いを続けていくことが、「国民保護体制」に対抗する思想と行動だと私は考えます。

【この章に関係する本】

・田中隆『有事法制がまちにやってくる●だれをまもる国民保護計画?』2005年、自治体研究社。有事法制や生活安全条例の問題に取り組んできた弁護士による、「国民保護計画」を批判的に分析した本。自由法曹団に所属する弁護士として、先鋭な人権感覚と有事法制についての体系的分析に裏づけられた信頼できる一冊。

・磯崎陽輔『国民保護法の読み方』2004年、時事通信社。総務省国際室長による国民保護法の詳細な解説。「国民保護体制」の構築を批判する場合にも踏まえておくべき論点が詳細にフォローされており、有益な一冊。

・全国憲法研究会編『憲法と有事法制』（法律時報臨時増刊）2002年、日本評論社。「有事法制」をめぐる憲法問題を、歴史や比較法研究の成果なども踏まえて徹底的に分析した一冊。情報は最新ではないが、憲法学からの基本的視点を多岐にわたって提示した重要な研究の成果。こんな時代だからこそ、腰を落ち着けた議論の必要を感じさせる一冊。

第4章　「生活安全条例」——安全格差社会という問題

1 「生活安全条例」とは何か

(1) 変容した「まちの風景」

全国の多くの自治体で「生活安全条例」がすでに制定されています。近頃、まちで、「安全・安心パトロール中」などのステッカーを貼った自転車やクルマをよくみかけます。またさまざまな「防犯パトロール」隊が、各地でつくられています。また監視カメラがまちの随所に設置され、四六時中、私たちの行動を監視しています。明らかに、まちの風景は、ここ数年の間に変わりました。

町内会・自治会、防犯協会あるいはPTAから、「防犯パトロール」への参加をお願いされた人もいるでしょう。

いったい、地方自治体や身の回りの地域社会で何が起こっているのでしょうか。何かが、数年前とは違います。気にしなければ気にならないかもしれません。しかし、こうしたまちの風景の変容は、地域住民を、警察行政の端末機構にしようとする犯罪予防政策の結果なのです。本章では、この政策の軸となっている「生活安全条例」について説明します。

(2) 「生活安全条例」の特徴

「生活安全条例」の制定が、全国の区市町村や都府県で相次いでいます。その名称は、「安全・安心まちづくり条例」・「生活安全条例」・「防犯条例」などさまざまです。ここでは、以下の特徴をもつ条例を「生活安全条例」と呼ぶことにします。

第1の特徴は、住民の「防犯意識」の高揚を目的とし、住民を「犯罪予防」活動に動員する内容の条例であることです。「生活安全」というと、漠然としており、さまざまな意味合いで受け取ることができます。しかし「生活安全条例」でいう「生活安全」とは、端的に「犯罪予防」のことです。

「犯罪の予防」は、本来、警察の責務です（警察法第2条）。しかし、「検挙率が低下した」「もはや警察力だけで治安を維持できない」などという口実で、警察が住民に責任転嫁し、住民の「防犯意識」を煽動し、住民を「防犯活動」に動員することで犯罪を未然に防ぐ仕組みづくりが「生活安全条例」の下で進められているのです。「日本の警察力が落ちたのは民衆の協力がなくなったからです」（『AERA』2003年5月12日）という國松元警察庁長官の言などは、このことを典型的に述べています。こうした物言いを振りかざして、住民に「防犯パトロール」などへの参加を促し、警察の協力者にしようというのが「生活安全条例」の特徴のひとつです。

このような「動員」のために自治体で「協議会」をもうけ、そこに、警察署長、町会・自治会、防犯協会、PTAなどの地縁団体、「地域安全活動」を目的とするNPO法人などが集まり、防犯パトロールなどを組織するのです。具体例をあげましょう。

八王子市では、2003年8月17日に、八王子防犯協会が、「『防犯パトロール隊』を結成。会員が夜間に重点地区を決めて巡回するほか、町会ごとの支部がきめ細かな啓発活動を進める」（『毎日新聞』2003年8月17日「とうきょうワイド」）というのです。

「生活安全条例」の第2の特徴は、建築物の構造や樹木の配置や監視カメラの設置などを住民に促し、「死角のない街並み」をつくることです。

第3の特徴は、厳格な規範意識（ルールを守るという意識）を住民に要求する点です。たとえば、「つきまとい行為」の禁止（八王子市生活の安全・安心に関する条例など多数）、「路上禁煙」（千代田区生活環境条例）、「犬の糞放置罪」「自宅の庭でみだりに草木を繁茂させること」の禁止（杉並区生活安全及び環境美化に関する条例）などです。

このように、本来は、法令で規制するのではなく、その場の人間関係の中で解決するべきひとりひとりの微細な行為まで、条例で権力的に規律するというのが、「生活安全条例」の特徴なのです。ささいな規律違反でも、放置しておけば、だんだんと人々の「規範意識」がゆるみ、犯罪を引き起こすに至るという考え方が背景にあります。それは、ふだんから、人々を厳しく「しつけて」おこうという「強者」の傲慢な考えです。この傲慢さは、新しい「規範」をどんどんつくり、人々に押し付けていくのです。犬の糞の放置が良いことだとは思いませんが、糞を持ち帰るための袋などをもっていないで犬の散歩をしているだけで、杉並区では、もうれっきとした犯罪企図者です。

さらには、「あいさつの励行」や「地域行事への参加」を住民の「責務」とする条例（「群馬県犯罪防止推進条例」）までもが「防犯」目的で制定されています。また東京都庁内で開催された「公共空間において多数の者を不快にさせる行為の防止に関する検討会」（２００５年4月20日）では、「多数の者を不快にさせる行為」の事例として、たとえば「車内での化粧」までが例示されているのです。この検討会のメンバーには、先の「安全・安心まちづくり研究会」のメンバーでもあった前田雅英氏も入っているなど、「生活安全条例」の制定や運用に深く関与している人が複数は入っていますので、「車内の化粧」を「不快」な行為として例示したこの検討会の考え方は、「生活安全条例」における微細な行為の規律と同一のものと考えていいでしょう。

(3) 生活安全警察の登場と「生活安全条例」

基本的には、以上の3つの特徴が条例の内容に入っているか、3つの特徴を有する「防犯活動」を推進する目的の条例を、「生活安全条例」と呼んでおくことにします。もうひとつ、注意しておくべきことがあります。これは、「生活安全条例」の内容ではないのですが、どうも「生活安全条例」は、地域住民の切実な要求をくみ上げて制定されているのではなく、警察主導で、全国で、相当に画一的な内容で制定・運用が広まっているということです。地域によっては、地域の切実な住民の要求が、「生活安全条例」の一部として盛り込まれているケースがないわけではありません。また警察の方針に呼応して、いわばそれを先取りするかたちで推進する住民運動があることも否定できません。しかし、全体をみると、これは、警察主導の「官製の住民動員運動」だと考えられるのです。

これを主導しているのは、具体的に言えば、１９９４年の警察法改正によって警察庁に設置された生活安全局です。

１９９４年の法改正で、警察庁生活安全局に与えられた任務は、①犯罪、事故その他の事案に係わる市民生活の安全と平穏に関すること、②地域警察その他の警邏に関すること、③犯罪の予防に関すること、④保安警察に関することとなりました。このうちの①が、法改正以前の、生活安全局の前身であった刑事局保安部にはなかった任務です。そして、①は、ことの性質上、ほぼ無限定な大きな権限を生活安全局に与えることになります。

私がたまたま目にした２００１年の『警察業務便覧』をみると、警察庁生活安全局の方針が、次のように書かれています。「都市化、国際化、情報化等社会情勢の変化、生活様式の変化、住民意識の多様化にともなって、地域コミュニティが弱体化し、地域社会が伝統的に有していた防犯機能が次第に低下してきている」との認識に立ち、

「安全で住み良い地域社会を実現するための地域安全活動を地域住民、企業団体、自治体等関係機関・団体、民間ボランティア、NPO等との協働により、あまねくかつ強力に展開する」と。

このような警察庁生活安全局の方針の下で、「生活安全条例」の制定や「自警団」の組織化などが各地で進んでいるのです。

さらに言えば、「生活安全条例」の制定は、警察庁生活安全局が進めている「安全・安心まちづくり」の一環であり、その「軸」なのです。

刑法学者や建築工学者や警察庁生活安全局の職員などがメンバーである「安全・安心まちづくり研究会」の研究の成果が、1998年に『安全・安心まちづくりハンドブック（防犯まちづくり編）』（ぎょうせい）として出版されています。そこには、すでに「生活安全条例の骨子（案）」が掲載されていたのです。その「骨子（案）」によれば、「安全で住みよい地域社会の実現」・「安全な市民生活の確保」を目的とする生活安全条例では、「地域の安全活動の推進」や「市の生活安全対策への協力」が「市民の責務」とされています。また「防犯協会等条例の目的を達成する団体への助成」・「安全活動団体への装備等の支給」といった内容まで書かれています。この研究会の研究成果に沿って、全国に「生活安全条例」が普及したことは、内容を見る限り、まちがいないと思われます。

この研究会に関連して、直接に生活安全条例の問題とは関係ないのですが、非常に危惧すべき事実があります。それは、その「取締役」がこの研究会のメンバーになっている株式会社「マヌ都市建築研究所」が、ある自治体で、市の委託を受けて「官製住民運動」づくりを行ったという事実です。

同研究所は、「平成12年7月6日から平成13年3月15日」の間、東京都国立市と「委託契約」を結び、JR東日本の国立駅舎の保存をすすめる「住民運動」をつくったのです。

「国立駅舎保存活用推進業務委託」という件名のその委託契約書の一部を以下に引用します。

「委託の目的」「本委託は平成11年度に策定された『国立駅周辺プラン』に基づき、国立駅の価値を広く市民に発信し、駅舎建物の保存に向けた市民意識の啓発を行い、また、駅舎保存に向けた市民活動をコーディネート・助言することにより、駅舎保存・活用への母体組織の立ち上げを目指すことを目的とする」。

なおこの「委託契約」の委託金額は、1、470、000円とされています。

また「委託内容」には、この委託の目的を達成するためにパンフレットの作成やニュース（チラシ）の作成、講演会の開催などさまざまな手段が記されています。中には、「駅・鉄道マニア、愛好家集団、一橋大学・郵政研修所ＯＢなどの駅舎保存に関心のある法人・個人の調査発掘を行う」といったものまであります。「駅・鉄道マニア……の調査発掘を行う」ということは、自治体が住民の趣味の調査を委託したということです。調査の方法によっては、公権力である自治体が、憲法13条が保障する自己決定権の内容をなす趣味の調査をしたわけですから、思想調査と同じくらい重大な人権問題です。もしこれが、趣味の調査ではなく、「防犯活動」に関心のある人の発掘調査であったならば、反射的に「防犯活動」に関心のない人が浮かび上がります。そのくらい危険なことを国立市はやったのです。

この「委託契約」の成果として、現実に２００１年（平成13年）６月に「赤い三角屋根の会（国立駅舎を活かす会）」が発足し、２００３年（平成15年）10月には、この会も属する「国立駅舎保存の会」という団体もつくられています。

駅舎保存の当否自体は、住民の自由な意見形成にゆだねられるべきことです。しかし公権力である市が、このような委託契約を民間の研究所と結んで、「住民運動」をつくらせ、公権力である自治体が自ら住民世論の操作を行うということは、住民の自由な意見形成を阻害するものであり、公権力が立ち入ってはならない領域として立憲主義が設定した「市民社会」への介入であり、「市民社会」という自由の領域に公権力は立ち入るなという近代のルールの基本をまったく理解しない暴挙としかいいようがありません。基本的には、このような「委託」をした市の見識の問題ではありますが、このような「事業」をも行った民間の「研究所」が、「生活安全条例」の全国への普及のきっかけのひとつとなった研究会にも関与しているという事実は、立憲主義の見地から、いくら注意を喚起しても、したりないくらい重大なことだと思います。

「生活安全条例」を軸とする「安全・安心まちづくり」を推進する警察ないし自治体が、このような世論操作の手法を採用されることがあるかもしれません。すでに国立市で右記のようなケースがある以上、そのノウハウはあるわけです。しかし、それは、立憲主義のルールへの重大かつ深刻な挑戦となります。「生活安全条例」に係わっても、それ以外でもこのようなことが無いことを切に望むという趣旨で、この国立市のケースを明記しておきます。

(4)「生活安全条例」の「思想」

では、「生活安全条例」は、どのような「思想」に基づいてでてきているのでしょうか。その点を検討してみましょう。

「今後の日本社会では、犯罪の発生は増加する可能性が高いと思われる。そして、その対応を、これまでのようにすべて警察等の公的機関に期待するのは難しくなっていく。皆がそれぞれの力を出し合って、可能なところから工夫していかなければならない。防犯は、すべての国民の課題であり、国民の参加が必要なのである」(「安全・安心まちづくり研究会」編『安全・安心まちづくりハンドブック防犯まちづくり編』ぎょうせい、1996年、84頁)。この文章を書いたのは、刑法学者の前田雅英氏(首都大学東京教授)です。

また、たとえば、2003年の年明け早々に新聞の折り込みで東京都下に配布された「広報けいしちょう第8号」(警視庁発行、2003年1月15日)は、ピッキング対策のシリンダー錠や防犯ガラスへの交換などを推奨した上で、「『安全な街づくり』

のためには、このような設備面の整備とともに、地域住民が協力しあって犯罪の起きない街づくりをするという、共通の認識を持つことが重要です」等と書いてあります。

「防犯活動」への「国民の参加」あるいは「地域住民」の「協力」というのが生活安全条例の基本思想であると見て間違いないでしょう。だからこそ、「生活安全条例」は、かならずその目的で、住民の防犯意識の高揚をかかげるのです。たとえば、行政・警察は、市民の「生活安全意識」の「啓発」を行うとする「豊島区生活安全条例」第3条1項です。

誰しも犯罪の被害者にはなりたくないものです。日頃から人々がもっている防犯意識、たとえば外出するときや就寝のときには戸締りをすること、貯金などは銀行や郵便局に預けること、女性や子どもの帰りが遅くなったときには駅や学校まで迎えにいくことなどなど……。ほとんどの人は、別に「生活安全条例」がなくても、日頃からそのようなことをやっているでしょう。ではなぜ、住民の「防犯意識」の高揚をわざわざ「生活安全条例」の目的としたり、こうした目的のキャンペーンを行ったりするのでしょうか。

それは、こうした人々の日常的な防犯意識よりもヨリ強い「防犯意識」を住民に持たせるためです。つまり、防犯パトロールに参加したり、クルマや自転車のかごに

「防犯パトロール中」などのステッカーをつけさせたりすることや「防犯グッズ」を買わせることがねらいであると考えてまちがいないでしょう。「恐怖」を煽り、「強者」に服従させたり、「商品」を買わせる。これは、資本主義社会の「強者」がよく行う手法です。「生活安全条例」の制定や運用に係わっている「有識者」や「防犯パトロール」を行ったりする個々の人々の思惑は、さまざまでしょう。しかし「生活安全条例」普及の主たるねらいは、全体としてみれば、ここにあると考えられます。

「支配」というものは、個々の権力者や民衆の「善意」さえも動員して維持されるのです。そうした「善意」に目を奪われて、ことの性質を見誤らないように注意が必要です。

2　いくつかの「生活安全条例」から検討する

(1)　警察が積極的に関与して制定された条例

「生活安全条例」について検討していく中で、いつくかの自治体では、それが、警察の積極的な関与のもとで制定されたことを裏づける事実があることが明らかになりました。

東京都千代田区や武蔵野市の条例制定には、警視庁からの出向者が深く関わっていました。千代田区では、土木総務課生活環境改善推進主査が、武蔵野市では、総務部防災安全課市民安全担当係長が、警視庁からの出向者でした。また、たとえば、八王子市の黒須隆一市長は、日本共産党の議員の質問に対する２００２年12月10日の八王子市議会総務企画委員会の答弁で、条例の提案にあたって、法律家への相談はしていないこと、八王子警察署と高尾警察署に作成中の条例案を提出し相談したと述べています。また『神奈川新聞』は、「犯罪抑止の態勢づくりは警察だけでは限界にきているといわれており、県警は県内市町村に条例制定を要請」と警察主導の条例づくりを報じています（2003年1月16日付）。

さらに、警察の関連団体である防犯協会などの請願や陳情が、「生活安全条例」が行政側から提案され、制定されるキッカケになっているケースが多いのも特徴です。2001年9月1日の日付で八王子市に提出された八王子市防犯協会の「八王子地域社会全体の総合治安力の向上について（意見）」は、「八王子市においても、八王子市生活安全条例を制定し、その旗の下に防犯協会をはじめ各種の団体、職域或いは有志個人を糾合し、街全体として諸般の活動に整合性を持たせ市民意識の効果倍増を期したいとの思いである」等といった内容となっています。防犯協会などによる生活安全条例制定を望む請願や陳情は、杉並区や千代田区など多数の自治体で行われていました。

以上のように、生活安全条例の制定過程の全般にわたって、警察およびその関連団体である防犯協会などが主導して行われているものと思われる事実があるのです。

(2) 住民を動員する「生活安全条例」

先にも述べましたが、「生活安全条例」の重要な特徴のひとつは、防犯を「市民の責務」とした上で、住民を地域の防犯活動に参加させるように誘導することです。いくつかの自治体を例に、この点を説明しましょう。

武蔵野市生活安全条例(2002年10月1日施行)は、「市民は、地域の安全を点検し、協同して犯罪を予防するための活動を行うように努める」(第3条)とし、市が「関係機関」と協力して実施する「市民生活の安全を確保するため」の「施策」(第2条1項)へ協力することも「市民の責務」と定めています(第3条)。第2条1項の「関係機関」には警察署も入りますので、武蔵野警察署とも協力するように努めるのが武蔵野市民の「責務」とされていることになります。

そして市長を会長とし、武蔵野警察署長などを委員とする「武蔵野市生活安全会議」が設置され(第5条)、同会議が策定する「安全計画」を推進するために「武蔵野市生活安全対策推進協議会」が設置され、同推進協議会は「関係機関、市民団体等」で構成されている（第7条）。さらに「武蔵野市生活安全条例」では、「市内安全パトロール隊」（通称「ホワイトイーグル」）が市内の学校等を巡回することになっています。そして、「市内安全パトロール隊」は、「不信な行動をとる人を厳しい目で見つけ出し、すばやく警察に通報」するというのです（『市報むさしの』２００２年７月１日号）。

「千代田区生活環境条例」（２００２年10月１日施行、以下、「千代田区条例」）では、区民は、「自宅周辺を清浄にする等、安全で快適なまちの実現に」努力しなければならない」（第４条１項）、「区民等は、相互扶助の精神に基づき、地域社会における連帯意識を高めるとともに、相互に協力して、安全で快適なまちづくりの自主的な活動を推進するように努めなければならない」（第４条２項）と規定しています。そして、区民は、警察署などの「関係行政機関」へ協力するものとの規定もあります（第４条３項）。

千代田区条例の場合には、このような区民の責務を前提に、「区民及び事業者等は……指定地区の環境美化に自主的に取り組むため、各地区ごとの環境美化・浄化推進団体の組織づくりに努めなければならない」（第22条１項）、「区長は、前項の組織づくりを支援するものとする」（同条２項）とし、「自主的な」「環境美化・浄化推進団体」づくりを進めるとし、そうした各団体や区民の調整・協議のための「千代田区生活環境改善連絡協議会」を設置する（同条3項）と規定しています。

「八王子市生活の安全・安心に関する条例」（以下、「八王子市条例」、２００２年12月20日可決・成立）は、「市民は、自らの安全の確保及び生活安全活動の推進に努めるとともに、市が実施する市民生活の安全のための施策に協力するものとする」（第3条）と規定しています。そして、市長が委嘱する委員20名以内で構成される「八王子市生活安全対策協議会」を設置すると規定しています（第10条）。

以上の例からも、各地の「生活安全条例」が、住民に防犯活動等に参加する「責務」を課し、はばひろく住民を防犯活動等に動員する仕組みであることが理解できるでしょう。要するに、「生活安全条例」は、防犯を市民の責務とし、市民の防犯意識の高揚を図り、「協議会」を設けて、防犯協会、町内会・自治会、商店会、ＰＴＡ、ボランティア団体あるいはＮＰＯ法人（日本ガーディアン・エンジェルスなど）なども含めた住民組織を介して住民を防犯活動に参加させる仕組みづくりなのです。

すでに条例が制定された自治体では、条例制定を機に防犯意識高揚のためのキャンペーンを行っているところもあります。武蔵野市では、２００２年11月9日に、「生活安全条例」で創設したパトロール隊の紹介などを内容とする「武蔵野市民安全大会」が開催され、「防犯協会・交通安全協会・青少年問題協議会・ＰＴＡ・商店会ほか各種市民団体の方など400人が出席」し、閉会後、吉祥寺駅北口と東口で「安全キャンペーン」を実施しています（『市報むさしの』２００２年12月15日）。警備会社に委託した「市内安全パトロール隊」なども市内や駅頭などで活動をしています。

こんなことまではじまっています。『毎日新聞』（２００５年６月10日付朝刊）によれば、２００４年６月に「群馬県犯罪防止推進条例」を制定した群馬県と群馬県警は、条例制定から１周年にあたる２００５年６月16日から、毎月16日を「県民防犯の日」と定め、「防犯意識啓発活動」をするというのです。

（３）表現活動にも及ぶ微細な規律

先に述べたとおり、「生活安全条例」の特徴のひとつとして、住民の生活への微細な規律があります。ここでは、表現の自由に対する規制を例に挙げて、いかに微細な規律を課しているかを紹介します。

「生活安全条例」と同時に制定された「武蔵野市つきまとい勧誘行為の防止及び路

上宣伝活動の適正化に関する条例」（2002年10月1日施行、以下「武蔵野市つきまとい防止条例」）は、「勧誘に対する拒絶の意思を示している者に対し、しつようにつきまとい、勧誘を行うこと」（第2条（1））と定義された「つきまとい勧誘行為」を道路や広場などで行うことを禁止（第3条1項）し、さらに「ビラその他これに類する物の配布」（第2条（3））等の「路上宣伝行為等」を行う際には、「他人の通行を阻害しない方法」でしなければならない（第4条）としています。そして、「つきまとい勧誘行為」禁止の違反者には、市長が「必要な指導」をすることができ（第3条2項）、路上宣伝行為等の適正化のために市長が市民に対して「啓発活動」をするというのです（第5条）。さらに市長が指定する「勧誘行為等適正化特定地区」（第6条、以下「特定地区」）では、市長は、「つきまとい勧誘行為」を行った者に対して「指導」・「警告」・「質問」（第7条）、警告等に従わなかった者に対する「勧告」（第8条）、勧告に従わなかった旨の「公表」（第9条）を行うこともできます。また「路上宣伝行為等の方法の変更を求めること」（第11条）もできるのです。このような規制には、同条例に基づくつきまとい勧誘防止指導員＝通称「ブルーキャップ」があたることとなっており（施行規則4条）、実際に駅頭などで「指導」にあたっています。

「千代田条例」では、「公共の場所において、チラシその他の宣伝物を配布し、又は配布させた者は、そのチラシが散乱した場合においては、速やかにこれを回収し、当該公共の場所の清掃を行わなければならない」（第13条2項）となっており、違反者には、2万円以下の「過料」（第24条）が課されることもあります。

「八王子市条例」では、「事業者は、市民生活の安全を阻害するおそれのある宣伝行為を自粛するものとする」（第4条2項）という条項と武蔵野市と同様の「つきまとい勧誘行為」の禁止（第7条）条項があります。

では、このような表現活動に対する規制は、憲法上許されるのでしょうか。

たとえば、自衛隊のイラク派遣に反対する市民団体の駅頭宣伝を想定してみましょう。通行人にビラを渡し、イラク派遣の危険性等を訴え、語りかけを行うことは、こうした宣伝に当然に付随する行為であり、それも表現活動です。そうした行為は、「市民生活の安全」（八王子市条例）を阻害する行為だとされたり、または「つきまとい勧誘行為」（武蔵野市つきまとい防止条例）とされたりする危険があります。

日本国憲法第21条が保障する表現活動を規制する法令が、合憲であるための不可欠の要件として、「明確性の原則」というのがあります。どのような表現活動が規制されるのかが法令の文言にはっきりと示されてない場合には、当該法令は憲法違反という理論です。この観点から、右記のような条例の文言はあいまいすぎ、何をやったら規制されるか分からないだけに、表現活動を萎縮させるものです。そもそも、現行法令でも、屋外広告物法、屋外広告物規制条例、公安条例あるいは道路交通法第77条１項４号など、公共の場所での表現活動に対する規制はあります。特に集会やデモ行進を厳しく規制する「公安条例」などは、法学者の間では憲法違反であるという学説が有力ですが、それはさておいても、これらの法令ですら規制できないところにまで、「生活安全条例」の規制が及ぶことになるのです。

（４）「死角のない街並み」をめざす「生活安全条例」

「生活安全条例」を「軸」とした「安全・安心まちづくり」は、都市計画などにも及んでいます。一例をあげれば、警察庁生活安全局は、２０００年に「安全・安心まちづくり推進要綱」を策定し、建設省（現国土交通省）及び関係団体に対する安全・安心まちづくりへの協力を要請しています。その目的は、「自治体・地域住民・建設業界等と協働した犯罪防止に配慮した環境設計活動の推進」とされています。これは、「環境設計による犯罪予防」といわれる刑事政策を採用したことを意味します。その手法は、簡単に言えば、犯罪を行う「機会」や「場」を減らすことによって犯罪を減らすというものです（児玉桂子・小出治編『安全・安心のまちづくり』ぎょうせい、2002年の小出治論文を参照）。

この刑事政策のもと、建築工学等の駆使により、「死角のないまちづくり」や外部者が侵入しにくい「生活安全モデル団地」の建築などがすでに進んでいます。まちを歩いていると、開放的に感じる公園や団地・マンションなどをよく見るようになりました。「防犯」をうたったマンションや住宅地の宣伝も、よく目にします。「死角」をつくってしまうような樹木や垣根を公園や団地の周囲から取り払い、それでもできてしまう「死角」には監視カメラを設置するのです。こうして「死角のまちづくり」が行われているのです。

しかしこの刑事政策は、決定的な欠陥を持っています。犯罪を行おうとする人は、住民にみつかる可能性や監視カメラに映る可能性などを冷静に考え、そうしたリスクと犯罪によって得られる「利益」を天秤にかけるということを前提にしているのです（後掲・『生活安全条例とは何か』の新屋達之論文を参照）。つまり非常に合理的な犯罪者のイメージを前提にしているのです。また団地やマンションや住宅地の外部から犯罪者がやってくるというようなイメージを前提にしてもいます。

このような欠陥のある「環境設計による犯罪予防」策には、おのずと次のような限界があります。第1の限界は、この手法は、「怨恨などにより目的達成を至上とするものには不適」（前掲・小出治論文）という限界です。自暴自棄的な通り魔的犯罪や「怨恨」による殺人などの凶悪犯罪には、効果はないのです。また凶悪犯罪のひとつである「強姦」の場合、加害者の多くが「顔見知り」であることもつとに知られています。第2の限界は、防犯のための設計を施したマンションや住宅に住めるのは、基本的に収入なり財産がある程度ある人たちです。「お金持ち」だけを、犯罪から守るという結果になる可能性が高いと思われます。第3の限界は、犯罪の「機会」をなくせば犯罪は減るという考え方ですから、貧困や差別などの犯罪の原因を無視することになり、犯罪を減らす効果もある格差是正や社会保障の充実といった政策がないがしろにされることになります。要するに、自己負担で防犯性の高いところに住める「お金持ち」は、ますます「安全・安心」な生活を得、貧乏人は、ますます追い詰められるという格差拡大の政策という面もあると思います。犯罪の被害者になってしまう「機会」まで「不平等」になるのです。

こうした問題と限界のある「死角のないまちづくり」の実現と関係するのが、「生活安全条例」における監視カメラ等の防犯設備の設置を事業者に要請する条項です。

たとえば、豊島区生活安全条例には、「区長は、共同住宅、物品販売業を営む店舗又はホテルその他不特定多数の者が利用する建物について、建築基準法……に基づく確認申請等をしようとする建築主に対し、あらかじめ防犯カメラ等安全な環境の確保に効果的な設備の設置等に関して、当該建築の所在地を管轄区域とする警察署と協議するように指導するものとする」（第7条）という規定があります。同様の規定は、ほとんどの「生活安全条例」にあります。

生活が「大変苦しい」「やや苦しい」という人が、あわせて54%（2003年）にまで増えています（山家悠紀夫『景気とはなにか』2005年、岩波新書）。その一方で、「六本木ヒルズ」に象徴されるように防犯設備を施し、セキュリティを売り物にした高級マンションがどんどん建っています。このような「格差」をそのまま刑事政策に持ち込んでしまう、それが「生活安全条例」なのです。そこに見られるのは、犯罪からの「安全」は、個々人が、自己責任で「購買」せよ、という「安全格差社会」の発想です。

以下のように、安全の確保を住民の自己責任としている条項が、「生活安全条例」には、必ずといっていいほどあります。

・「都民は、安全・安心まちづくりについて理解を深め、自らの安全の確保に努めるとともに、安全・安心まちづくりを推進するように努めるものとする」（東京都安全・安心まちづくり条例4条1項）。

・「市民は、自らの安全の確保および地域の生活安全活動の推進に努めるとともに、市が実施する市民生活の安全のための施策に協力するものとする」（八王子市生活の安全・安心に関する条例3条）。

・「市民は、自らの生活環境の安全の確保及び地域の自主的な安全に関する活動の推進に努めるとともに、市が実施する施策に協力するよう努めなければならない」（立川市生活環境安全確保基本条例4条）。

・「私たち武蔵野市民は、地域社会の安全が市民生活すべての基盤であることを自覚し、自らの手で安全なまちをつくるため、市、市民及び関係機関が協力してその責務を果たすことを決意し、この条例を制定する」（武蔵野市生活安全条例前文）。

・「区民等は、自らの生活が安全に営まれる環境の確保に努めるとともに、生活安全活動の推進に努めるものとする」（東京都豊島区生活安全条例4条1項）。

・「区民は、自らの生活が安全に営まれる環境の確保に努めるとともに、区などが実施する生活安全に関する施策に協力するものとする」（東京都北区生活安全条例4条）。

たまたま手元に条例の全文があるものの中から、東京都下の自治体の条例を、アドホックに列挙してみました。どうですか。自己責任による「安全」の確保＝「安全格差社会」を促進するのが、「生活安全条例」であることが理解してもらえると思います。

3　東京都安全・安心まちづくり条例の検討

ここまで、ひとつの条例をとりあげて、全体的に検討することをしませんでした。この章の最後に、それをやりましょう。

(1)　都民の動員

2003年7月9日に「東京都安全・安心まちづくり条例」が、東京都議会で可決・成立しました（同年の10月1日施行、以下、「都条例」）。

まず「都条例」では、「安全・安心まちづくり」について「理解を深め」「協力する」ことが「都民の責務」（4条）・「事業者の責務」（5条）とされています。

そして、「安全・安心まちづくり」施策への都民の「協力」を調達する推進体制が6条1項に基づいてつくられます。ひとつには、知事を会長として、行政、都民、地域団体、事業者団体の代表者で構成される東京レベルの協議会の設置です。すでに「東京都安全・安心まちづくり協議会」が会合を重ねています。また6条2項に基づき、警察署単位または区市町村単位で、警察署長、区市町村、関係機関、地域住民の代表、NPO法人などで構成する推進協議会が都下に50程度設置されることになります。

こうして、都レベルの推進協議会、警察署又は区市町村単位の推進協議会を警察が主導し、その下に各種地縁団体などの代表者が集まり、防犯キャンペーン・防犯パトロールなどが推進され、都民がそれに「動員」されていく仕組みが出来あがるのです。そして「犯罪防止のための自主的活動」を行う都民等へ「必要な支援」を行うことが7条で定められています。東京都は、すでに「いいなぁ安心ボランティアネットワーク」を設け、自主的な防犯活動を行う団体を登録し、それら団体の会合も行われています。

ところで、「防犯パトロール」などの防犯活動に動員される都民には何が期待されているのでしょうか。「地域の防犯意識を高めようという趣旨のものでありまして、直接犯人の検挙活動を行っていただくということを期待するものではございません」と、2003年7月2日の都議会本会議で、石川重明警視総監は答弁しました。この答弁自体は、あたりまえのことを述べたものですが、では、いったい、何を都民に期待した条例なのでしょうか。それは、「いいなぁ安心ボランティアネットワーク」にみられるような、都民の防犯活動への「動員」です。こうした「動員」の目的は、警察が、動員される都民に意識改革（防犯意識の高揚）を求める官製の社会運動づくりです。おそらく、その行き着く果ては、公権力の威を借りた一部都民による他の都民に対する監視・密告社会であり、警察権力に従順な都民の育成、反感を持つ者の排除でしかないでしょう。こんな意識改革運動で犯罪のない東京都を実現することが可能などと考えるのは愚の骨頂としか言いようがありません。むしろ都民の相互不信を招き、地域社会の人間関係に今以上に権力関係を持ち込むことによって殺伐としたものとし、かえって犯罪に対する抑止力をそぐ結果にしかならないと私は考えます。

(2) 死角のないまちづくり

「都条例」9条から18条は、住宅、共同住宅、道路、公園、駐車場・駐輪場、金融機関、深夜営業をする小売店舗の建築構造や配置等の工夫によって、犯罪者（機会犯罪）から犯罪を行う「機会」と「場」を奪おうというものです。そのために右記の建築物などを都内に所有したり、管理したりする人々に、「犯罪の防止に配慮した設備の設置」などについて「警察署長」ないし「都」が「必要な情報の提供」や「技術的助言」を行うことを定めています（11条2項、13条、18条）。

先に述べた「死角のないまちづくり」の問題と限界に加えて、ここでは、次の人権問題を指摘しておきます。「犯罪の防止に配慮した設備」の中には、監視カメラやスーパー防犯灯が含まれる点です。個人の住宅はともかくとして、少なくとも、道路、公園など公共の場所へ監視カメラを設置し、24時間、通行人などを監視することは、憲法が保障するプライヴァシー権や肖像権を侵害するので、非常に問題です。ドヤ街である釜ヶ崎の街頭に監視カメラを警察が設置したことについて、プライヴァシー権を侵害するとして、大阪高等裁判所は、監視カメラの撤去を命じています（大阪高判平8・5・14）。

肖像権に関しては、憲法13条が保障する「みだりにその容ぼう・姿態を撮影されない自由を有する」（京都府学連事件、最大判昭44・12・24刑集23－12－1625）とした最高裁判所の判例があります。このケースで、最高裁は、写真撮影が認められる場合として、「現に犯行が行われもしくは行われたのち間がないと認められる場合であって、しかも証拠保全の必要性および緊急性があり、かつその撮影が一般的に許容される限度を超えない相当な方法をもって行われるとき」という厳しい要件を課しています。

この最高裁判所の課した厳しい要件を考えれば、犯罪とも関係のない人々を24時間監視するカメラの公共の場所への設置は、肖像権とプライヴァシー権を侵害するものだということになります。また警察が捜査のために利用するのであれば、刑事法の原則に反して犯罪発生以前にまで「捜査」を前倒しにすることになります。プライヴァシー権や肖像権を侵害するものである以上、それは、「強制捜査」であり、本来は、現行犯の場合以外は、裁判官が発する令状に基づいて行われるべきものです（憲法35条）。

まとめ

本章では、いくつかの具体例も挙げつつ、「生活安全条例」を検討してきました。「生活安全条例」を「軸」にした「安全・安心まちづくり」という警察行政の今日的あり様は、一言でいって、官製の精神主義的な社会運動です。それは、「犯罪の予防」という口実で、地域社会を密告社会・相互監視社会へと変容させる危険もはらんでいます。公権力と「協働」して「防犯パトロール」などに参加する「健全な市民」という論理で、「異端者」「不審者」とされる人を監視し、排除する危険もあります。

「不審者」というよく分からない言葉が、マスメディアなどでも氾濫しています。誰から見て何が「不審」なのでしょうか。そうしたことも明確にしないまま、多くの人が、「不審者」への恐怖を煽り立てられ、少なくとも自分は「不審者」だと思われたくないがために、自治会やPTAの要請に応じて、「防犯パトロール中」などのステッカーを自転車などに貼ってまちにでる人が増えています。「私は不審者ではなく健全な市民です」と書いてまちに出ているようなものです。

自分が、健全で、正常であることを証明しながらまちにでなければならない社会。それが変えてゆく「まちの風景」。私は、写真などでしか知りませんが、「欲しがりません勝つまでは」「足らぬ足らぬは工夫が足らぬ」などのスローガンがまちにあふれ、みんなが「私は非国民ではありません」と証明しながら、日の丸を振って、兵士を戦場に送り出した社会に似ているのではないでしょうか。

「勝ち組」という「強者」は、もうセキュリティの行き届いた高級マンションや高級住宅に住んでいます。それ以外の人々の生活は、ますます苦しくなっています。生活苦などで自殺にまで追い込まれる人たちが後を絶ちません。「人身事故のため何とか線は遅れています」という駅の放送。このような「まちの風景」の中で、必要なのは、「防犯パトロール」なのでしょうか。努力すれば何とかなる（かもしれない）という「機会の平等」さえなくなった格差社会（橘木俊詔編著『封印される不平等』2004年、東洋経済新報社を参照）を前提にし、結局、「お金持ち」しか「安全」を買えないという刑事政策で本当にいいのでしょうか。

【本章に関係する本】

・「生活安全条例」研究会編『生活安全条例とは何か――監視社会の先にあるもの』20

05年、現代人文社。私も筆者のひとりです。この問題に批判的に取り組んできた弁護士、法学者5人でつくりました。本章の私の叙述も、この研究会の他のメンバーから多くの示唆をいただいています。ぜひご一読を！

・斉藤貴男『安心のファシズム――支配されたがる人びと』2004年、岩波新書。「生活安全条例」の増殖の背景をなす「安心のファシズム」の諸相を、その背後に「マーケティング」戦略があることを指摘するなど、幅広く明かした本。

・大日方純夫『警察の社会史』1993年、岩波新書。戦前の行政警察の歴史を明らかにした本。関東大震災のときの、民衆による朝鮮人虐殺へと至る「民衆の警察化」という説明は、今日の状況を彷彿とさせる。歴史から学ぶべきことは、まだまだたくさんある。

第5章　言論弾圧に抗して

1　広がる言論弾圧

「強者」の利益にかなう改革を進めるためには立憲主義の破壊も辞さないという政治家や財界の決意、自己責任での安全を住民に求め、「安全格差社会」を促進する生活安全条例、そして、自由にとって最大の脅威である「軍事的価値」を地域に浸透させようとする「国民保護体制」の構築について、ここまで本書では論じてきました。

しかし、このような「強者」の利益と、「強者」の安全と、「強者」の価値観を中心に動き出した社会の中で、それに対抗し、言論活動を行う人々も決して少なくはありません。そしてそうした人々の闘いの言葉は、「強者」にとって不快であり、迷惑であり、不安になるものでしょう。そうした「強者」の不安が、言論弾圧という形で、目に見えるようになりました。強者の暴力が、暴発しだしているのです。一連の言論弾圧は、ひとつのシナリオに基づいて起こっているというよりも、連鎖的に起こっているように思われます。

①２００３年３月、米英を中心とする多国籍軍が、イラクへの侵略を開始しました。そして小泉純一郎首相は、ただちにそれを支持しました。そのような状況の中で、４月、「杉並反戦落書事件」が発生しました。東京都杉並区内の公衆トイレの外壁に、「反戦」「戦争反対」「スペクタクル社会」とラッカースプレーで書きなぐった男性が逮捕され、その後、「建造物損壊罪」（懲役５年以下）で起訴され、２００４年２月に東京地方裁判所で、懲役１年３カ月執行猶予３年という有罪判決を受けました（現在、最高裁判所に上告中）。

「落書」行為で、建造物損壊罪での起訴というのが珍しかったために、一部の新聞は、社会面の小さな記事で、この「珍しさ」を報道しました。しかし、いまだに表現の自由の問題としてこの事件をまともに取り上げたマスメディアは、私の知る限り、ありません。

この事件は、仮に有罪であるとしても、器物損壊罪での起訴と罰金刑程度の事件です。しかし、内容が、反権力的なメッセージだったために、重罪での起訴となったと思われます。表現の自由にかかわるこの事件について論じるべきことは多くあります。決して「強者」ではない男性が、圧倒的な「強者」たちが違法な侵略戦争に突入したことに抗議した事件です。「落書」は、このように規制されるのに、大きな商業広告の看板、ネオンサインなどは野放しです。結局、「強者」は、なんでもできて、そうではない人のささやかな行為には重たい刑罰がのしかかるという合法性の二重基準を問題にしてもいいはずです。少なくとも、そもそも起訴すべきほどの事件なのか、見せしめ的な重罪での起訴についてどう考えるべきかなどを、マスメディアも含めて、多くの人々がもっと問題にしなければならないはずです。

②そしてこの不当な東京地方裁判所の判決があってまもない2004年2月27日、「立川反戦ビラ入れ事件」が発生したのです。その内容については、後述しますが、①の「杉並反戦落書事件」の判決が有罪であり、またそれを批判する目だった動きがなかったことで、公安警察による計画的な弾圧への抑止力が効かなかったのではないかとも考えられます。

③さらに数日後の3月3日、日本共産党の機関紙の号外を休日等に勤務先とは関係のない自宅のある区内で配布した社会保険庁の職員の行為が、国家公務員法102条と人事院規則14－7が禁止する「政治的行為」に当たるとして逮捕、起訴された「国公法弾

圧事件」が発生しました。現在、東京地方裁判所で公判が行われているこの事件では、被告の堀越明男さんを、公安警察が200人体制でつけまわし、堀越さんの日常生活を隠しカメラなどで監視していたことなど、違法な捜査の内容が明らかにされています。

そもそもこの事件に適用された国家公務員法102条と人事院規則14－7は、1948年に連合国軍総司令部（GHQ）の占領下で制定されたものです。これらの法令については、「行政の中立的運営とこれに対する国民の信頼」の「確保」を理由に、これを全面的に合憲とした猿払事件最高裁大法廷判決（1974年11月6日、判例時報757号30頁）がありますが、この判決については、「公務員は『常時勤務状態にある』という君主制憲法下の公務員観をそのまま受けついだ論旨」（芦部信喜『憲法訴訟の現代的展開』1981年、有斐閣、197頁）である等、法学界からの手厳しい批判があり、その後、この大法廷判決を踏襲した最高裁判決がいくつかあったものの、1980年代初頭以来、発動されてこなかったという経緯がありました。

国家公務員がおおっぴらに政治活動をしていることは、郵政民営化に反対する郵便局員の例をあげるまでもなく、衆知の事実です。公務員が職務で特定の政党や思想を利する、あるいは不利にするようなことを行われては困ります。しかし規制されるのが政治的表現活動であるだけに、猿払事件最高裁判決が示したような抽象的な理由で勤務時間外に職場の施設を利用することもなく行う政治的行為を規制することは、許されることではありません。「行政の中立的運営」は、情報公開を徹底するなど、まさに公務員の職務の遂行状況を人々が監視することによって確保すればいいのです。

しかし、この事件も、その重要性のわりには、多くの人々やマスメディア等の注目を集めるまでには至っていません。ジャーナリズムについて言えば、これらの一連の言論弾圧事件についての反応の鈍さにはあきれるほかありません。「国公法弾圧事件」に即して言えば、4半世紀ほどまえに大きな議論の対象となり、その後、適用事例のない法令が、きわめて恣意的に発動されたという点だけでも、ニュースとしての価値は非常に大きいと思います。それとも、日本共産党など少数派の反体制政党の支持者が弾圧されることを、ジャーナリズムは、報道するほどのことでもなく、「あたりまえ」と思っているのでしょうか。そうだとすると、恐ろしいことです。

ともかくも、「国公法弾圧事件」は、②の「立川反戦ビラ入れ事件」にジャーナリズムが反応せず、ようやく3月3日に700人あまりの人々、法学者、そして「ワールド・ピース・ナウ」の3つの抗議声明の記者会見のあった日に起こりました。ほぼ同時といっていいと思います。

④そしてついに、②の「立川反戦ビラ入れ事件」の無罪判決が言い渡された１週間ほどあとの２００４年12月24日に、東京都葛飾区内のマンションに、日本共産党の「都議会報告」「区議会報告」等を各戸配布した男性が、住居侵入容疑で「現行犯」逮捕され、２００５年１月11日に起訴された「亀有マンションビラ配布弾圧事件」が発生しました。この事件も現在、東京地方裁判所で公判が行われています。この事件の場合は、表現活動への弾圧であるばかりではなく、地方自治体の議会制民主主義に対する警察と検察による直接の攻撃という要素もあります。政党や議員が、議会での活動報告を有権者にすることは、有権者からみれば「責務」です。このような弾圧は、弾圧を受けた政党のみならず、有権者が、たとえば選挙の際にどのような投票行動をするかを決める判断材料を、公権力が奪うものであり、到底許されるものではありません。

しかも、この事件の場合、起訴をした検察官が②の「立川反戦ビラ入れ事件」を起訴した人物と同じであり、②の事件の無罪判決の直後に発生した事件であり、ビラの性格は異なりますが、集合住宅でのビラの配付が弾圧の対象になった点では同じであり、②の事件の「無罪判決」に対する警察と検察官の「報復」という要素があるかと思われます。まさに公権力の担い手たちの手前勝手な権力の濫用であり、裁判所をも愚弄する暴走＝暴力の噴出です。

これらの事件に対する裁判所の判決は、非常に重要な意味を持ちます。行為にまったく見合わない重罪での起訴（①事件）を裁判所が許せば、検察は、表現活動に対する重罰での起訴の傾向を強めるでしょう。また地域でのビラ配りが焦点となっている事件（②、③、④事件）で有罪判決が確定すると、各戸への平穏なビラ配りも犯罪であるということになります。そうなると、以後、ビラ配りをする人は、監視カメラや防犯パトロールの監視対象となる「不審者」となるのです。特に反体制的な意見を持っている人が、「不審者」として、地域で監視対象になる危険が強まります。

またマスメディアやインターネットでは決して伝わらない地域の情報や地域の人の意見を交換することを拒む社会、それは民主主義社会とはいえません。宣伝手段や財力のない人々、決して「強者」ではない人々が、手間隙かけてビラをつくり、配布する。そんな地道な作業が民主主義の基盤なのです。

2 立川反戦ビラ入れ事件

さて、このように表現の自由への弾圧事件が、イラク戦争開始後に、相次ぎました。どれも重要な事件ですし、ここでは取り上げませんが他にもデモ行進への弾圧など許しがたい弾圧も相次いでいます。ここでは、私が住んでいる地域で起こり、私自身もささやかながら支援活動をしている「立川反戦ビラ入れ事件」について説明します。

これは、東京都立川市内の防衛庁官舎に自衛隊のイラク派遣に反対するという内容のビラを配布した市民団体「立川自衛隊監視テント村」のメンバー3人が、住居侵入罪の容疑で2004年2月27日に逮捕され、3月19日に起訴された事件です。

この事件で逮捕・起訴された3人は、現行犯逮捕ではなく裁判官が発した「令状」に基づいて逮捕されました。また3人の逮捕と同時に、事務所など6ヵ所に家宅捜索がなされ、パソコンや他の市民グループのニュースなど、事件との関係性がないものまで押収されました。

防衛庁と警視庁公安2課と立川警察署は、2月27日よりはるか前の、2003年12月頃から動いていました。12月中に住民から「被害届」も出されていました。また官舎の住民は、「110番通報」をするように防衛庁から言われていました。さらに第1審の公判で、「被害届」は、警察官が書面をつくり、官舎住民の職場に、わざわざ警察官が持ってきて、住民は、署名押印しただけであったことも明らかになりました。

そもそも、警察は、3人のビラ配布に対して住民から「被害届」が出ていること等を「テント村」に告げ、注意すれば、何も逮捕・起訴する必要はなかったはずです。ビラを配布した3人が、住民あるいは警察の制止や警告を振り切り、無視し、あるいはそれらをかいくぐってビラを配布したのであれば、これは住居侵入罪にあたるでしょう。しかし現実は違います。事件で問題になった2004年1月17日のビラ配布の際、3人のうちのひとりは、官舎の住民に出会い、その住民の求めに応じて、配布したビラを回収しているのです。官舎住民の意に反して官舎に立ち入ったとか、官舎住民の平穏を害したという実態がまったくないのです。その後の2月22日のビラ配布でも3人のうちの2人が起訴されていますが、「テント村」は、1月17日の官舎住民からの注意を踏まえて、ビラに明記されている「テント村」の連絡先に抗議などがあればビラ配布を止めることもふくめて検討していました。

この事件の第1審判決（東京地方裁判所八王子支部・2004年12月16日）は、次のように言っています。すなわち政治的表現は、「民主主義社会の根幹を成すもの」であるから、「防衛庁ないし自衛隊又は警察からテント村に対する正式な抗議や警告といった事前連絡なしに、いきなり検挙して刑事責任を問うことは、憲法21条1項の趣旨に照らして疑問の余地なしとしない」と。この判決は、この事件の逮捕・起訴自体が、表現の自由を手厚く保障した憲法21条1項の趣旨からすれば、大いに疑問であると言っているのです。

このように、そもそも犯罪の実態も被害もない（あるいはないに等しいくらい軽微）ような出来事が、なぜ3人の逮捕、大掛かりな家宅捜索、そして起訴という「事件」になったのでしょうか。理由ははっきりしています。

この事件の起訴にあたって、東京地方検察庁八王子支部は、異例の記者会見を行い、そこで、「反戦ビラが自衛隊関係者である住民に精神的脅威を与えた」ことを考慮したと言いました（『東京新聞』2004年3月20日付）。また同支部の相澤恵一副部長は、新聞紙上で、ピザ屋等のビラと反戦ビラではわけが違うと述べたうえで、「ほかの団体の（違法な）活動を抑える犯罪予防の狙いもある」と述べました（『毎日新聞』2004年6月3日付「とうきょうワイド」）。

この事件が起こった時期は、まさに自衛隊がイラクへ派遣された時期でした。その中で、公安警察と検察あるいは組織としての自衛隊が、自衛隊のイラク派遣に反対する意見が、自衛隊員や防衛庁職員に届くことを嫌って、逮捕・起訴したということははっきりしています。そして、全国で行われている他の団体や個人による自衛官への訴えを抑止することが狙いだったからこそ、事前に警告したり、ビラの受け取りの拒絶の意思を示すのではなく、いきなり検挙し、起訴することが公権力にとって必要だったのです。

このように、この事件の大きな背景として、イラクへの自衛隊の派遣があることは間違いありません。それは、自衛隊の本来の任務ですらない「戦地」での「人道復興活動」に派遣される個々の自衛官の間の「動揺」をも封じ込めようとするものです。自衛官やその家族の「動揺」は、当然です。本来の任務でもなく、憲法9条にも明確に違反し、派遣地の情勢しだいでは、「戦死者」がでる可能性も高く、何のための活動だかも不明確なことを命じられているのですから、「命令」だからといって、疑問を持たないわけがありません（自衛隊員や家族のさまざまな考えを伝えるものとして、小西誠・渡辺修孝・矢吹隆史『自衛隊のイラク派兵――隊友よ　殺すな　殺されるな！』２００４年、社会批評社を参照）。

憲法9条がその保持を禁止する「戦力」にあたりますので、自衛隊は憲法違反であると私は考えています。しかし個々の自衛官やその家族が、生活し、生きるのは当然の人権です。その個々の自衛官やその家族に、同じ日本政府の統治下で生きるものとして、訴え、意見や情報の交換をすることの重要性は、ますます高まっています。

2005年8月に自由民主党が発表した「新憲法第1次案」は、「自衛軍」の保持を明記するとともに、「国際社会の平和及び安全の確保のために国際的に協調して行われる活動」をも「自衛軍」の任務としています（9条）。このような改憲が行われれば、海外でも戦争をする「自衛軍」の士気を維持するために、自衛軍の「軍人」に対する反戦の訴えは、今以上に厳しく取り締まられるでしょう。現に自民党の「新憲法第1次案」には、人権を「公益及び公の秩序」のために制約することが可能な条文もあります（12条、13条）。

本来、人権行使が制約されるのは、基本的に、他の重要な人権の侵害を防ぐ必要がある場面です。たとえば他人の私事を暴露するような表現活動は、事前に裁判所によって差し止められることもあります。しかし、自民党の「新憲法第1次案」の「公益及び公の秩序」という文言は、「国益」や「公権力が好ましいと考える秩序」と解釈される危険のあるものです。そうではないというのであれば、わざわざこのような文言を入れる必要はありません。人権には、そもそも他人の人権を侵害してはいけないという限界があることを理解しておけば十分なのです。

3　表現の自由の大切さ

さて、ここで「立川反戦ビラ入れ事件」の第1審判決の解説をしましょう（東京地方裁判所八王子支部・2004年12月16日）。100％支持できるという内容の判決ではありませんが、これを書いた裁判官の、法律家としての良心が伝わるすばらしい判決です。

①公安警察と検事の姿勢を厳しく批判した判決

判決は、非常に厳しく、この事件を逮捕・起訴した公安警察と検察を批判しました。判決は、検察の起訴すなわち「本件各公訴提起には、ビラの記載内容を重視してなされた側面があることは否定できない」ことを指摘しました。そうであれば、「反戦ビラ」を標的とし、他の団体のビラ配布活動を萎縮させることを目的としたこの事件の起訴は、端的に憲法が保障する表現の自由の弾圧のためになされたものと言うほかはないので、憲法違反の起訴であるということになります。しかしチッソ川本事件最高裁判決（最決昭55・12・17刑集34－7－672）という最高裁判所の決定があります。同判決は、「検察官の裁量権の逸脱が公訴の提起を無効ならしめる場合のありうることは否定できないが、それはたとえば公訴の提起自体が職務犯罪を構成するような極限的な場合に限られる」としており、起訴自体を無効であるというのは大きな壁となっています。

ここで、起訴自体が無効であるので、被告人は無罪であるといってもいいのですが、判決は、「同宿舎の居住者中、少なからぬ者が、ビラの内容それ自体が自衛官やその家族を動揺させて不安に陥れるものであり、このようなビラを投函するために自らが生活する宿舎内というプライベートな場所に部外者が入り込んできたのは迷惑であるなどと、ビラの投函につき、他の商業的宣伝ビラに対するものとは異なる不快感を抱いていたと認められる」として、こうした「居住者の感情等」に着目すれば、言論弾圧等の「目的でのみなされたとは断定できない」として、起訴自体は無効としませんでした。

しかし判決は、先ほども述べましたが、政治的表現は、「民主主義社会の根幹を成すもの」であるから、「防衛庁ないし自衛隊又は警察からテント村に対する正式な抗議や警告といった事前連絡なしに、いきなり検挙して刑事責任を問うことは、憲法21条1項の趣旨に照らして疑問の余地なしとしない」として、この事件の逮捕・起訴を厳しく批判しました。

政治的表現の自由の大切さを裁判官が十分に認識した上で、「このような逮捕や起訴はするな！」といっているに等しい内容です。最高裁判所の判例の基準に従えば、起訴を無効にするわけにはいかないと言いつつ、実に巧妙な構成の判決で逮捕・起訴を批判したのです。

②住居侵入罪には該当する

判決は、3人の自衛隊官舎への「立ち入り」が、住居侵入罪に該当すると判断しました。

まず、3人が立ち入った防衛庁官舎の敷地、共有スペースである廊下について、判決は、刑法130条前段の「住居」に当たると判断しました。「敷地」「共用スペース」「居室」は、「一体」だというのです。しかしこれは、疑問の余地があります。この判断では、敷地への立ち入りであっても「侵入」となってしまうのです。事件のあった防衛庁官舎は、比較的開放的な場所で、普段から、近所の中学生や住民が敷地を通り抜けています。また「共用スペース」にビラ配布目的で立ち入ったとして、いったい、住民のいかなる権利が侵害されるというのでしょうか。「共用スペース」である廊下などは、むしろ公道に近い性質を有すると考えたほうが現実にあっていると思います。

次に判決は、住居者ないし管理人の同意がない場合には、「侵入」に当たると判断しました。すなわち郵便配達人、新聞配達人、電気・ガスの検針員など「定型的に他人の住居への立ち入りが許容されているとみられる者以外、立川官舎と関係のない者が無断で同宿舎の敷地内に立ち入ること自体、居住者及び管理者の意思に反するというべき」としたのです。

ここも疑問の余地があります。同意がない立ち入りは、住居権を害するということが前提となっていますが、その住居権が住居者に属するのか、管理人に属するのかがあいまいです。住居者の全員が、明確に、たとえば全員一致の決議で、ビラ配布目的の立ち入りを拒絶していたというような事情があれば別ですが、住居者の中に、反戦ビラの投函を許容している人がいる可能性はあります。集合住宅の場合であれば、居住する人々がさまざまな考えを持っていることは当然なのであり、この事件の場合、住居者の全員が、「被害届」を出していたというわけでもありません。「被害届」が出た部屋には配付しないようにという連絡を、自らないし警察を通じて、「テント村」に伝えればよかったのです。それはさておき、集合住宅の場合、住居者のさまざまな考えを尊重するために、どのようなビラを受け取るか受け取らないかは、とくに政治的な少数派の存在に配慮して、個々の住居者の判断に委ねるのが妥当でしょう。

さらに3人は、憲法21条1項が保障する表現の自由の行使として、政治的メッセージを伝えるためにビラを配布するという正当な理由があって、官舎に立ち入りました。窃盗などの犯罪遂行目的などで立ち入ったわけではありません。この点、たとえば住居者が、立ち入っている者の挙動等から、犯罪遂行目的ではないかと考え、呼びとめたり、警察に通報するといったことは、場合によってはあると思います。しかしそのような場合、たとえば警察官が臨場し、ビラ配布目的であったことが分かれば、「お咎めなし」でよいのです。正当な理由があっての立ち入りでも住居侵入罪に該当するとした判決は、刑法130条の解釈を誤ったものであると考えます。

③刑罰を科するほどの違法性はない。

判決は、一応、３人の行為が住居侵入罪には該当するとした上で、３人の行為の違法性の程度について、詳細な検討を行いました。刑法の考え方では、ある犯罪に形式的に該当する（犯罪構成要件を満たしている）だけでは、犯罪にはなりません。違法性がないとダメなのです。

まず、判決は、３人の官舎への「侵入」の「動機」について、①政治的見解の伝達のためであり、②ビラの記事内容も政治的見解であり、個々の居住者を誹謗・中傷するような内容ではなく、③「何らかの過激な手段に及んでもテント村の見解を自衛官に伝える等の不当な意図は有していなかった」とし、「動機」は「正当」であると判断しました。

次に、「侵入」の「態様」について、①頻度は月に１回程度であり、②せいぜい３、４人でビラ配りは行われており、「多数の威力を背景」にしたものではなく、③「白昼に」、④「凶器や暴力」「手荒な手段」等を用いることなく、⑤面会を求める等のこともなく、⑥１戸あたり１枚ずつの配布であり、⑦１回の配布に要している時間は、30分程度であって、⑧「周囲の静謐を害したことは皆無」であったから、ビラの配布の仕方も相当なものであると判断しました。

さらに、居住者及び管理人の意思を侵害した度合いについては、①ビラには「テント村」の連絡先等が記載されているにもかかわらず、「自衛隊ないし防衛庁関係者や警察からの連絡、接触は一切なかった」点、②ビラの配布等を禁止した「貼り札」が、A3程度の小さなものであり、目に付きにくいものであった点、③「追起訴」分についても、1月17日に被告人のうち2人が個人的に注意されたが、防衛庁官舎の居住者および管理人から正式に抗議があるまで様子を見ようとして、ビラ配布を続けた「テント村」の判断は、あながち間違っているとも言えず、「そもそも、被告人らにおいて、居住者、管理者の反対を押し切ってまでビラを投函する意図はなかった」と判断しました。

そして、3人の「侵入」行為の結果について、「『住居』のどの部分まで侵入したかによって住居者のプライバシーが侵害される程度は大きく異なる」とした上で、「居住者のプライバシーを侵害する程度は相当に低い」として、違法性は極めて低く、刑罰を加える程のものではないとしました。

④判決の評価

判決は、政治的表現活動に対して、いきなり検挙して刑事責任を問おうとした公安警察と検察官に対する批判と3人の行為の結果として住居者の権利が侵害された度合いはきわめて低いという判断の「あわせ技」で、無罪としたのです。

住居侵入罪に該当するかどうかという点については、私と異なる考えを示した判決ですが、丁寧かつ説得力のある判決であると考えます。

刑法は、法律によって守られるべき利益＝「保護法益」の存在を前提とし、それを侵害する行為を処罰するものです。この事件では、住居者の「不快」や根拠のない「恐怖」を検察は言い立てましたが、そのようなものは、表現の送り手と受け手で調整すればよいものであって、刑法を発動する場面ではそもそもないのです。

4 ビラの受け取りと拒否

さて「立川反戦ビラ入れ事件」の第1審判決のなかに、「自衛官らの中にもイラク派遣に関して多様な意見を有する者がいる可能性は否定できない」という部分がありま す。ここの部分は、被告人の有罪・無罪には直接関係しない「傍論」ですが、裁判官の政治的表現活動への見識の高さを示した部分です。

自衛官ないし防衛庁職員であるからといって、自らの職務に係わる時々の政府の施策について、全員が、同じ意見を持っているとは限りません。それにもかかわらず、政府の施策に反対する内容のビラ配布を公権力や防衛庁官舎の管理人が介入して規制することは大きな問題です。表現の自由とは、誰もいない山奥で、自由に意見等を述べる権利ではありません。表現の受け取り手に対して、何かを訴える自由であり、受け取り手にも、表現の自由と不可分の「知る権利」があります。つまり表現の自由の保障は、こうした意見や情報の交換のプロセス全体を保障しているのです。

防衛庁官舎の住居者についていえば、イラク派遣に反対する「テント村」のビラに同調する者がいる可能性を否定できないだけではなく、イラク派遣に賛成するが、反対する人は、どういう理由で反対しているのかを知りたいという住居者がいる可能性も否定できません。「自分とは反対の意見も聞いて自分の考えをつくろう」というのは、民主主義社会に生き、それを維持しようとする人であれば、当然に持つべき態度です。同じ意見の人同士で、自分たちの意見は正しいと確認しあうだけで、他人の意見には聞く耳を持たないというのは、あまりにも偏狭な態度です。

しかし、自分とは異なる意見に対してどのように接するかは、個々人が判断することですし、ましてや特定のビラや意見を受け取る義務があるはずがありません。

ですから、ある政治的なビラ配布を拒否する場合であっても、それは個々の住人が判断すべき問題であり、集合住宅の管理人や住民の多数意見、ましてや公権力が個々人を飛び越えてビラの配布を抑圧すべきものではありません。

5 ビラは迷惑か

ところで、一連の言論弾圧事件を機に、ビラ配布が迷惑かどうかという議論が一部で起こりました。政治的表現は、本来、その受け取り手を「迷」わせ、「惑」わせるものです。自分とは異なる意見に接して、迷い、惑う人こそ、民主主義を支えるのです。頑なに自分の考えに拘泥し、他人の意見について検討することを拒むのは、決して好ましい態度でありません。その意味で、政治的表現は、元来、「迷」「惑」なのです。もっとも、これは、表現活動全般に言えることで、政治的表現に限ったことではありませんが……。

しかし、今日、日本政府の統治下にある社会では、迷ったり、惑ったりすることを許さないような風潮が広がっているように思います。小泉純一郎首相の「ワンフレーズ」のパフォーマンスが受け入れられてしまうのもその風潮の現れでしょう。

こうした風潮の中で、ビラ配布は迷惑であるという人々の感覚も増大しているように思います。

そのひとつの現れが、「生活安全条例」である「千代田区生活環境条例」の次の規定です。すなわち「チラシその他の宣伝物を配布しようとするときは、まちの美観に配慮しなければならない」（13条1項）という規定です。これに違反した場合には、同条例第15条に基づき、区長が「改善命令」を下すことがあります。

この規定には、ビラ配布は、「まちの美観」を害することもある迷惑なものであるという前提があります。それだけではありません。ビラ配布が犯罪の温床になるというこの条例の考えがあります。この条例の「前文」を見てみましょう。

「千代田区は、区民とともに、安全で快適な生活環境を護るため、ごみの散乱防止を始め、諸施策を実施してきた。しかし、公共の場所を利用する人々のモラルの低下やルール無視、マナーの欠如などから、生活環境改善の効果は不十分である。／生活環境の悪化は、そこに住み、働き、集う人々の日常生活を荒廃させ、ひいては犯罪の多発、地域社会の衰退といった深刻な事態にまでつながりかねない。／今こそ、千代田区に関わるすべての人々が総力を挙げて、安全で快適な都市環境づくりに取り組むときであり、区民や事業者等すべての人々の主体的かつ具体的な行動を通じて、安全で快適なモデル都市千代田区をつくっていこう」

このような考え方に基づいて制定された条例の中に、ビラ配布を規制する条文があるのです。ビラ配布が、「日常生活を荒廃させ、ひいては犯罪の多発、地域社会の衰退」につながる可能性があると制定者（千代田区長と千代田区議会）が考えたことは間違いありません。

さらには、マスメディアの中にも、この「千代田区生活環境条例」と同じ考えを持つ人がいるのです。「亀有マンションビラ弾圧事件」についての『朝日新聞』の「社説」（２００４年12月29日付「配る作法、受け取る度量」）です。この「社説」は、「治安の悪化をだれもが体感する時代だ。怪しげな訪問や勧誘が後を絶たず、空き巣の被害を耳にする。ビラ配りをうとましく思う気持ちもよくわかる」といいます。ビラ配りを、何の論理もなく、「空き巣の被害」などの犯罪と一緒くたにし、「治安の悪化」（それも、実証に基づかない「体感」上の「治安悪化」である）問題のひとつとして扱っているのです。

それだけではありません。この「社説」は、ビラやチラシを「手にとってじっくり読むことはまずない。そのまま、ゴミ箱にポイ。そんな人が多いだろう」「政治的ビラをことさらに目の敵にすることもあるまい。受け取っておいて捨てればいい」などと書いているのです。この「社説」のいう「受け取る度量」とは、「ゴミ箱にポイ」すればいいということです。「強者」ではない人々が、手間隙かけてビラをつくり、時間をかけてそれを配布し、自らの政治的考えを他人に伝えることがどれほど大変で、かつどれほど民主主義にとって貴重な作業であるか、そのことをこの「社説」の書き手は、まったく理解していないのでしょう。

『朝日新聞』は、一連の言論弾圧について、「立川反戦ビラ入れ事件」に関する「社説」（2004年3月5日付）を他社にさきがけて掲げるなど、もっとも敏感に反応してきた新聞のひとつです。もちろん同じ新聞社に属するジャーナリストの間で、異なる考えの人がおり、異なる視線をもっている人がいるということ自体は、悪いことでは決してありません。ぜひさまざまな意見を聞き、読者とともに、「迷い」「惑って」ほしいと思います。

6 「迷」「惑」な民主主義

政治的表現は「迷」「惑」を招き入れるものです。しかし独裁政治や全体主義を望まないのであれば、私たちは、迷い、惑わされ、その中で、他人と議論をしていく作法を身につけ、自分の考えを形成していく必要があります。そして、何よりも「強者」に差し向けられた「迷」「惑」な政治的表現こそ、政治的表現の真骨頂であり、「まちの美観」などよりも、ずっと大切にしなければならないものなのです。

【本章に関係する本】

・立川・反戦ビラ弾圧救援会編著『立川反戦ビラ入れ事件――「安心」社会がもたらす言論の不自由』２００５年、明石書店。同事件を当事者、支援者、弁護士、法学者などが多角的に論じた本。

・吉田敏浩『ルポ戦争協力拒否』２００５年、岩波新書。何が起きているのか。自衛隊のイラク派遣、有事法制などの動きを描きつつ、それに抗う人々に焦点を当てている。言論弾圧事件の背景的事情を知るのにふさわしい1冊。

・魚住昭・大谷昭宏・斉藤貴男・三井環他著『おかしいぞ！　警察　検察　裁判所』2005年、創出版。言論弾圧、警察や検察の内部告発つぶし、共謀罪などなど、公権力を徹底批判した1冊。

第6章　「強者社会」の中での平和的生存権

1　9・11総選挙について

2005年9月11日の衆議院議員選挙は、ご存知のとおり、小泉純一郎総裁の自由民主党が、480議席中の296議席を獲得するという結果になりました。公明党の31議席をあわせると、327議席になり、衆議院の3分の2を超える巨大与党が登場したことになります。

この結果は、おそらく「小泉ブーム」「マスメディアの影響」あるいは「小選挙区制の機能」といったことだけでは、説明がつかないものです。なぜなら、自由民主党が主要な争点とした「郵政民営化」について、有権者の関心は、一貫して他の政策より低かったですし、2年前の衆議院議員総選挙、1年前の参議院議員選挙では、むしろ民主党が大躍進をしていたからです。

今回の選挙結果をどう見るかについては、どのような職業（失業者や主婦もふくむ）の人がどのような投票行動をしたのか、相対的に高い投票率の中で投票に行かなかったのはどのような人なのか、都市部と農村・漁村部では投票行動に違いがあるか、そして特に圧勝した自由民主党に投票した人がどのような理由でそうしたのかといった諸点についてのデータ収拾と分析が必要でしょう。このような階層や地域特性を考慮に入れた「世論調査」がなぜなされないのか、それに私は以前から不満を持っています。このような調査を持続的にしなければ、政治構造の変化も把握できず、その結果、議論は、「政局」や個々の政治家のパフォーマンスに集中してしまうと思います。実は、ある「政局」や政治家のパフォーマンスが、なぜある効果を発揮したのかを説明するためにもこのような調査は必要でしょう。

私は、ここでは、一点だけを述べるにとどめます。政権発足当初の「小泉ブーム」、民主党の大躍進、そして今回の自由民主党の圧勝という状況をみるかぎり、有権者の投票行動は、きわめて流動化しており、おそらく刹那的にさえなっていると思われます。このことを実証する準備は、私にはありません。しかし数年後に、このことは明らかになると確信しています。その確信がどこからくるかといえば、ここ1年か2年の民主党大躍進の後、自由民主党の政策が転換したわけでもなく、民主党が政策を転換したわけでもないのに、今回の選挙で、まったく別の結果になったという事実からです。これから、私の確信は検証されるでしょう。67・51％という相対的に高い投票率の中で、投票率が高くなった分だけ、自由民主党の得票が増えたという報道（例えば、『朝日新聞』２００５年９月13日付の社会面の東京１区に関する報道）があります。今回の選挙で、特に自由民主党に投票した人は、ぜひとも自分がどのような理由で投票したのかをよく覚えておいて、半年なり１年なり２年後に、自分の投票結果がどのような政治状況を生み出したかを見てほしいと思います。いかに利那的な投票行動をしたかが実感できるはずです。１票分の責任を全有権者が負う必要があります。

２　「正しい」原理を言明する人は誰か

さて、今回の選挙の比例代表の東京ブロックで起こったことが、既存の説明ではこの選挙結果を説明できないということを典型的に示しました。自由民主党は、30人の候補者の名簿を提出していましたが、23人が小選挙区で当選し、残ったのは７人でした。しかし自由民主党は、８議席分の得票をしたのです。その結果、１議席分名簿が足りなくなったのです。このことは、自由民主党ですら、有権者の投票行動を読めなかったことを意味します。既存の票読みの仕方では、説明のつかぬことが起こったといっていいでしょう。

このような現象を説明するためには、おそらく有権者もそれに巻き込まれている権力構造の地殻変動を考慮する必要がありそうです。

ここで、難解な文章ですが、フランスの社会学者ピエール・ブルデューの文書を引用しましょう。

「政治界はたえずその顧客層、ノン・プロの目に晒されています。ノン・プロがプロ、界の成員の間の闘争において勝敗を決するわけです。何故かといえば、政治が詩と違うのは、政治界が詩の界と違うのは、ノモス（nomos は『分割する』を意味する nemo から派生した語で、ふつう『法』la loi と訳します。しかし、正確には、それぞれの界に特徴的な『見方・分け方の根本原理』la principe de vision et de division fondamental と私が呼ぶものに相当します）をめぐる象徴・政治闘争は見方・分け方の『正しい』原理を誰が言明し認めさせるかを主たる争点としています。政治界において、もし私が主要な分け方は富裕層と貧困層の区分だと言えば、ある種の社会構造が現出します。フランス人と外国人の区別だと言えば、まったく別の構造が現出します。つまり分け方の原理は無色透明ではないのです。分け方の原理は集団の、したがって社会的勢力の構成要因なのです」（ピエール・ブルデュー『政治』藤原書店、２００3年、90頁）。どのような「見方・分け方の『正しい』原理」が、今、支配的であるのか、そしてそれを言明しているのは誰か、という2点を見極める必要があるでしょう。

今回の選挙では、儲けに見合った相応の税負担を大企業に求めた日本共産党と格差拡大社会を問題にした社会民主党が、「富裕層と貧困層の区分」を強調しましたが、それは支配的にはなりませんでした。それは、なぜでしょうか。「貧困層」が、「正しい」原理を言明する力を、今は持っていないからです。また両党は、憲法9条の擁護を訴えました。しかしこれも選挙に関しては支配的にはなりませんでした。理由は同じです。

80年代末のバブルとその反動不況の期間の後、橋本龍太郎内閣が打ち出した「6大改革」によって、回復基調にあった「景気」は、家計の冷え込みを招き失速したとして97年あたりからの不況は、政策不況であるとし、小泉内閣の「構造改革」もその延長線上で理解するという興味深い見方を経済学者の山家悠紀夫氏は提示しています（『景気とは何か』２００5年、岩波新書、特に第4章以下）。この見方に従えば、「構造改革」こそが、人々の生活を破壊していることになるわけですから、「構造改革」を断行すれば、ばら色の未来が待っているということにはなりません。

比例区で2589万票を自由民主党は獲得しました。その中には、「構造改革」によって生活や雇用を破壊された人々も含まれているはずです。この「ねじれ」がなぜ生じたのかを説明しなければならないのです。それには、「正しい」原理を言明する力を持っているのは誰であり、そのような力をもっている人々がどのような「正しい」原理を提示しているのかを理解しなければなりません。

3　何が「正しい」原理とされているのか

生活が苦しい世帯が1998年から一貫して増加しています（山家・前掲書、18頁以下）。それにもかかわらず、約2589万人もの有権者が、「構造改革」の推進を何らかの理由で支持したのです。小泉内閣が発足して4年半が経過しました。この投票行動は、まだ多くの人が「構造改革」の先にあるばら色の未来を信じているということだけで説明できるものではありません。

小泉内閣の「構造改革」による生活や雇用の破壊が争点にならないような、そして国政選挙などでは見えない別の強い争点があると私は考えます。

それは、次のような「正しい」原理＝「分け方」です。すなわち「正常あるいは健全な市民」vs「不審者」「異端者」という「分け方」です。そしてこのような「分け方」を言明しているのは誰かといえば、「財界」や「勝ち組」という名の「強者」です。

さて、ここまで書いて、ようやくマスメディアの問題が俎上にあげられます。「財界」や「勝ち組」の言明する「分け方」は、だいたいはマスメディアを通じて、個々人に届けられます。しかしそのマスメディアについて、元毎日新聞記者で『週刊金曜日』編集長の北村肇氏が、次のように述べています。すなわち「勝ち組・負け組みの世界で、自分たちは勝ち組だと思っているんです。勝ち組はやっぱり、勝ち組の政権党や財界とくっつくわけですよ。そこにいれば安心ですから。負け組の人なんかどうでもいいと思っている新聞記者や放送記者がどんどん増えているのが、遺憾ながら現状です」（魚住昭・大谷昭宏・斉藤貴男・三井環他著『おかしいぞ！ 警察 検察 裁判所』２００５年、創出版、230頁）と。

「財界」や「勝ち組」という「強者」が、同じく「勝ち組」の新聞記者や放送記者を介して、「正しい」原理＝「分け方」を自ら言明するのです。

このような「分け方」の言明の仕組みの中では、生活安全条例や「国民保護体制」などの「不審者」「異端者」を選別し、排除する仕組みづくりが進んでいることは、言明すらされません。「富裕層と貧困層の区分」という「分け方」を提示する日本共産党や社会民主党の政策は、無視されます。反戦ビラを防衛庁官舎に配布したり、日本共産党の機関紙や議会報告を配布しただけの人が、住居侵入罪や国家公務員法が禁止する「政治活動」をした罪に問われ、逮捕・起訴されても、無視されます。「勝ち組」からは「異端者」とみなされるからです。その代わりに、財界の発言や政権党の「分け方」や警察発表をどんどん垂れ流すのです。「強者」が言明する「正常あるいは健全な市民」vs「不審者」「異端者」という「分け方」を垂れ流すのです。

「構造改革」で、生活や雇用を破壊された人々のことが報道されるのは、せいぜい苦境の中で犯罪を犯してしまったり、路上生活を余儀なくされた人が「襲撃」され、殺されたときくらいです。

このような言明の仕組みの中で、人々は、「不審者」「異端者」とみなされないことを願い、「正常さ」や「健全さ」にあこがれます。「正常な生活」を取り戻してくれるかもしれないという根拠のない期待をして、「勝ち組」である自由民主党や民主党にすりよるのです。

そして、「正常さ」や「健全さ」を、少なくとも表向きは維持するために、少なくない人々が過労死するまで働き、「負け組」になった絶望から自ら命を絶ち、あるいは自らも将来なりうるかもしれない社会的弱者へ暴力を振るうのです。

4 「正しい」原理を取り戻すために

今の生活が苦しいのであれば、私たちは、このような「強者」の言明の仕組みを打ち破って、もう一度、「正しい」原理＝「分け方」を変更し、日本国憲法前文が明記している「平和のうちに生存する権利」（平和的生存権）をあらゆる人々が取り戻すために、日常生活の中から積み重ねられる重層的な平和主義を構築しなおす必要があります。

まずは、「私は、私の友人は、あなたは、あなたの友人は、平和のうちに生存しているか？」と問うことから始めましょう。生活苦や弱者いじめの暴力の責任は、それを是正しない政府にあります。政府（中央政府・地方自治体）の責任において、貧富の格差や理不尽な差別などの「構造的暴力」から「平和のうちに生存」する権利を実現するように要求しましょう。「強者」にすりよっておこぼれに預かるのではなく、ひとりひとりの生活の場面で人権を行使することによって「平和」を実感できる状態をつくり出しましょう。日本国憲法が保障する諸人権の目標は、ひとりひとりの平和的生存権の実現のためにこそあります。そして憲法9条は、政府が引き起こす戦争によって、ひとりひとりの「平和」の条件が根底から覆されることのないように、政府に厳重なタガをはめています。「9条」を実現する政策を要求しましょう。

最後に、「正常で健全な市民」vs「不審者」「異端者」という、日常生活の場面で人々を分断する「分け方」に抗して、平和のための「仲間づくり」に必要な3つの「倫理」を私は提起します。

①ムリして「正常さ」や「健全さ」にこだわらないこと。

②自らも、過酷な状況に置かれれば、「加害者」「不審者」となる可能性を自覚すること。

③孤立ではなく、「他者」との係わり合いの中でしか自己構築はできないということ。

以上の3点です。私が、「倫理」を提示するのも傲慢なことですが、自分に言い聞かせるつもりで書きました。

【本章に関係する文献】

・島本慈子『ルポ　解雇――この国でいま起きていること』２００３年、岩波新書。労働法制の変質について、そこにある考え方をも分かり易く説明しながら、労働者が受けている理不尽な扱いを描き出した本。

・土井隆義『「個性」を煽られる子どもたち――親密圏の変容を考える』２００４年、岩波ブックレット。少年犯罪の専門家が分析する内閉的で、重々しい少年たちの「自我」のあり様。今回の総選挙で若年層ほど自由民主党に投票した割合が多いことと何か関係がありそうです。

・森永卓郎『年収300万円時代を生き抜く経済学』２００３年、光文社。小泉内閣は、「景気」を回復させるつもりなどなく、貧富の２極化がすすんだ社会をつくろうとしているということを分かり易く説いたベスト・セラー。

第7章　立憲的不服従のために

1　困難な抵抗

「生活安全条例」や「国民保護体制」や言論弾圧の下で、ひとりひとりの個人が、「強者」への服従をするのかどうかの選択を、それこそ生活している地域や職場で迫られる事態になりつつあります。そして、それは、個々人が、「強者」に服従する「正常あるいは健全な市民」なのか、「不審者」「異端者」なのかの態度表明を迫られる事態です。生理学などにおける「正常」と「異常」と異なり、社会における「正常」と「異常」は、「強者」によって言明される「正しい」原理＝「分け方」にしたがって決められるのです。そして、このような「強者」による「分け方」の圧力が強まれば強まるほど、その背景にある国家による巨大な暴力の独占とあいまって、個々人には、「強者」への同調化の圧力が働きます。

同調化に抗おうとする個々人も、困難な抵抗よりも、ちょっとした商品の「差異」によって「個性」を演じることに甘んじてしまいがちです。選挙もまた商品化しているとオーストラリア国立大学教授のテッサ・モーリス・スズキは言います。すなわち「この一〇年くらいで、メディアが有権者を消費者に置き換えて報道するようになった……政治家は供給者で、有権者は消費者ということになります。そして投票行動はマーケットにおける商品選びにあたる」「今は、市民じゃなくて消費者なのです」（姜尚中・テッサ・モーリス・スズキ『デモクラシーの冒険』集英社新書、39頁）と。

個性的な小泉純一郎首相の自由民主党に「個性的に」投票したつもりが、投票箱を開けてみれば、自由民主党の大勝に加担しただけであることが分かり、自由民主党の「勝ちすぎ」を嘆息するという最近の出来事が、このことをよく表したのではないでしょうか。

「強者」の「分け方」が圧倒的に支配的となり、思想も何もない商品化した政治がそれを見えなくさせている事態の中で、「9条」を中心とする新しい立憲主義を切り開く闘いは、困難を極めています。

2　立憲主義を支える個人像について

専制がありうるからこそ、それを抑止する立憲主義が必要であるということは、立憲主義にコミットする人ならば、よく承知でしょう。

従来、立憲主義にコミットする人々の間では、おそらく専制に対する「市民」の抵抗の精神がある程度まで共有されていたと思います。

憲法学者の樋口陽一氏の次の議論は、そのことをよく示しています。人権保障として実定化された抵抗権は「近代立憲主義の実定法そのものを支える抵抗の精神、人びとのエタ・デスプリとなって伏流」し、「市民の内奥にひめられたエートスとなる」（樋口陽一『近代立憲主義と現代国家』1973、勁草書房）。つまり、近代市民革命のときに実際に行使された圧制に対する「抵抗権」は、近代憲法によって、人権保障として実定化されたのですが、「抵抗権」は、人々のエートス＝生活態度として常にその背後にあるという憲法学説です。

これは、政治学者の丸山真男氏の次の思想とも重なる考えでした。「外部的拘束としての規範に対して単に感覚的自由の立場にたてこもることはなんら人間精神を新らしき規範の樹立へと立ち向かわせるものではない。新しき規範意識に支えられてこそひとは私生活の平穏な享受から立ち出でて、新秩序形成のための苛烈なたたかいのなかに身を投ずることができるのである」（丸山真男『丸山真男集第三巻』）。

丸山が、ここで「新秩序」と言っているのは、立憲主義のことであると理解して構わないでしょう。しかし、この丸山の言明には、「自発的参加」という要素が含まれていることもまた否定できません。

その要素を引き継いだのが、政治学者の松下圭一だと思われます。松下は、「市民とは、自由・平等という共和感覚をもった自発的人間型、したがって市民自治を可能とするような政治への主体的参加という徳性をそなえた人間型、ということができる」（松下圭一『市民自治の憲法理論』岩波新書）と言います。

しかしこのような政治への「自発的参加」の強調する規範理論（「〜であるべきだ」という議論）は、防犯パトロールや国民保護訓練などへの自発的参加を批判する理論となりえない危険性があります。現に、栄沢幸二の次の指摘は、そのことを示唆しているでしょう。

「太平洋戦争は、全国民の自主的・積極的な参加・協力を不可欠な前提条件とする総力戦であった。いわゆる上からのファシズム化と総力戦を可能にした社会的要因の一つは、国策に賛同・協力せざるを得ないような非常時の社会的風潮の全国的高まりであったように思われる」（栄沢幸二『大東亜共栄圏の思想』、講談社現代新書）。

「国策に賛同・協力せざるを得ないような非常時の社会的風潮の全国的高まり」という日本軍国主義についての栄沢の指摘は、安易なスライドは許されませんが、今日の自発的な防犯活動への参加、自発的な国民保護訓練への参加、そして自発的な行政への市民参加の危うさを示唆しているように読めます。

参加＝権力の抑制とは限らないということを十分に認識しておく必要があるでしょう。立憲主義の下では、国政選挙への参加、街頭での政治行動への参加なども含めて、反権力的要素のない参加は、危うさをもっているのです。その意味で、自発的に参加する個人像を無条件に立憲主義を支える個人として描き出すわけにはいきません。

3　鶴見俊輔の「市民的不服従」

「〜であるべきだ」という規範理論に基礎を置かずに、「皮膚感覚」に根を下ろした抵抗を説いたのが、哲学者の鶴見俊輔でした。「われわれは、徹底的に政府の戦争政策に反対するためには、非常に悪いことに対してはもう最後まで自分の権利を守って、直接行動に訴えて、それに最後まで反対するというエネルギーを作っていかなければならないのです。これは一つの哲学上の立場であって、われわれは敗戦後にそれを会得していた。にもかかわらず、急速にわれわれの体から皮膚感覚が消えているわけです。それをもう一度取り戻さなければならない」（『鶴見俊輔著作集５巻』１９７６年、筑摩書房）。

鶴見がここで述べている「敗戦後」のことは、戦後の人々が生きるために必要とした「買出し」などの非合法経済のことです。鶴見は、「自分の権利」を最後まで守り抜くための、場合によっては非合法な「直接行動」を容認しているのです。

「権利」を引き合いに出している以上、他の個々人の生命や財産を侵害するような「直接行動」までは容認されていないと考えられますが、身体感覚に根を張ったこのような不服従の思想があることは、重要です。問題は、戦後のヤミ経済どころか、全共闘運動もベトナム反戦運動も身体感覚としては持っていない私（1968年生まれ）が、どうしたら不服従の身体感覚を取り戻せるかということです。

4　立憲的不服従へ

「市民的不服従」の思想は、1960年代以降、欧米の哲学でも議論されています。その代表格といっていいジョン・ロールズは、たとえば『公正としての正義』の中で次のように述べています。すなわち「市民的不服従は、ただ単に市民生活を規制する原理に基礎づけられた誠実な確信の所産であるというだけでなく、公共的でしかも非暴力的である。すなわち、市民的不服従は、逮捕および処罰が予想され、しかも抵抗なくそれらが受け入れられるような状態おいてなされるものである。そのようにして、法的手続に対する敬意が表明されるのである」と。

そして「市民的不服従」が正当化される要件として、①多数派の正義感覚に訴える通常の手段が尽くされ、通常の救済手続によっても異論が受け入れられなかったこと、②正義に対する重要かつ明白な違反とみられる対象に対する抗議であること、③不服従者が、同程度の不正義に対する他人の行動を受け入れる用意があることの3点を挙げています。

またこのような不服従のスタイルを、哲学者の川本隆史氏は、次のように整理しています。

①「法の命じるところが道徳に反すると信じるがゆえに、その法を犯す（平和主義者が徴兵法への服従を拒否する場合）」、②「正義にもとると考えられる政府の政策や法律に異議申し立てをするために、当該の法律とは別の法を侵犯する（反戦運動のグループが不法侵入をあえて行う場合）」、③「自分たちの基本的利益を不正に侵害していると思われる立法措置の再考を促がすことを目的として、法を破る（新空港建設に反対する住民たちの座り込み、など）」の3つのスタイルです（川本隆史『現代倫理学の冒険』1995年、168頁。なお私がこの章を叙述するにあたっては、この本を大いに参照しています）。

しかし問題は、「正義」の問題として「市民的不服従」を説明する立場が、先のロールズに見られるように、「逮捕および処罰」されることによって、不服従者の「法的手続に対する敬意が表明される」としているなど、「市民的不服従」を権利としては構成していない点です。

これでは、「正義」についての議論のレベルではともかくとして、実践のなかでは精神論にしかなりません。某農民グループが、新空港建設のために自分の農地が収用されるのに抵抗して、座り込みを行い、公務執行妨害罪で逮捕され、処罰されたとします。処罰されたけれども彼／彼女らの抵抗は「正義」に適っていたと「学者・文化人」が褒め称えて何になるのでしょうか。

日本国憲法が保障する人権や平和を守り抜くための「直接行動」を、きっちりと人権として保障しなければ、立憲主義のためのやむにやまれぬ不服従も、不服従者がどんどん処罰されていくのを傍観するだけとなってしまいます。

政治哲学者のハンナ・アレントが、「市民的不服従」を、ある目的のための暫定的結社によるものと位置づけたことは、「市民的不服従」を権利として（したがって刑事裁判の場では「違法性阻却事由」として）位置づける手がかりを与えてくれています（ハンナ・アレント『暴力とは何か』みすず書房）。

このようにとらえれば、日本国憲法21条1項が保障する「結社の自由」の行使として、「市民的不服従」を位置づけることが可能になります。

そしてまた、「平和的生存権」と「9条」によって新しい立憲主義、国家による巨大な暴力の独占を否定した新しい立憲主義の下では、反戦運動における「非暴力直接行動」は、立憲主義擁護の行動になります。「市民的不服従」は、「立憲的不服従」になる、そうした要素が日本国憲法にはあるのです。ジョン・ロールズが示した「市民的不服従」が正当化される3つの要件を踏まえた上での、「最高法規」である日本国憲法を擁護するための「非暴力直接行動」は、形式的に犯罪に当たり、違法性がある場合であっても、「立憲的不服従」として正当化され、違法性を「阻却」されるはずのものです。

なお、念のために付け加えておきますが、本書でも取り上げた政治的ビラ配布事件などの「被告人」たちの行動は、ここでいう「立憲的不服従」とは異なります。そもそも犯罪に当たらないか、少なくとも刑事罰を加えるほどの違法性がほとんどないからです。

立憲的不服従の実践的根拠は、どこにあるのでしょうか。鶴見俊輔のいう「皮膚感覚」は取り戻せるのでしょうか。あるいはそれにかかわる根拠を見出すことができるでしょうか。
もし本書の読者が、この本で私が描いた「強者の暴力噴出社会」の「予感」を持っているのであれば、それが鶴見のいう「皮膚感覚」と同じか私には分かりませんが、その「予感」こそが立憲的不服従を生み出すでしょう。大切なことは、個人は、微力ではあっても無力ではなく、同じ「予感」をもった仲間をつくっていけば、「強者」に対してそれなりの抵抗ができるはずであり、「強者」が言明する「分け方」を無効にすることはできるはずだと信じることだと思います。そして、思想や哲学は、「学者・文化人」の独占物ではないですし、そうであってはなりません。ひとりひとりが、日常生活の中から、それぞれの不服従の思想を見出していくことが大切だと思います。

【本章に関係する本】

・D・H・ソロー『市民の反抗』1997年、岩波文庫。19世紀に、アメリカ合衆国のメキシコ戦争と奴隷制に対して、納税拒否というスタイルで抗議した市民的不服従の「元祖」ソローの論文集。「ことのはじまりがどれほど小さくみえようと、少しも問題ではないのであって、ひとたび立派になされたことは、永久になされたのである」とも説いています。

・道場親信『占領と平和〈戦後〉という経験』２００５年、青土社。重厚な研究書ですが、特に第2部は、「市民的不服従」も含めた〈戦後〉におけるさまざまな抵抗運動を丹念に検討しています。

・姜尚中『反ナショナリズム』２００３年、教育資料出版会。さまざまに現れるナショナリズムを、「内的国境」つまり「正常社会」と異質な者との分断の位相なども含めて、暴露し、切り裂いた本。私が、「強者の暴力噴出社会」の「予感」を持ったきっかけのひとつになった本です。

著者略歴

石埼　学（いしざき・まなぶ）

1968年生まれ。亜細亜大学法学部助教授（憲法学）
立命館大学大学院法学研究科（公法専攻）博士課程単位取得退学。

主な共著

研究会編『生活安全条例とは何か』2005年、現代人文社／ハンセン病・国家賠償請求訴訟を支援する会編『ハンセン病問題　これまでとこれから』2002年、日本評論社／憲法理論研究会編『憲法基礎理論の再検討』2000年、敬文堂

訳書

リュシアン・ジョーム著『徳の共和国か、個人の自由か—ジャコバン派と国家1793年－94年』1998年、勁草書房

憲法状況の現在を観る
—9条実現のための立憲的不服従

2005年10月25日　第1刷発行

定　価　（本体1500円＋税）
著　者　石埼　学
発行人　小西　誠
装　幀　武峪真樹
発　行　株式会社　社会批評社
東京都中野区大和町1-12-10小西ビル
電話／03-3310-0681
FAX ／03-3310-6561
振替／00160-0-161276
ＵＲＬ　http://www.alpha-net.ne.jp/users2/shakai/top/shakai.htm
Email　shakai@mail3.alpha-net.ne.jp
印　刷　モリモト印刷株式会社